Saint-Réal

Verschwörung der Spanier

DIE BIBLIOTHEK VON R***

César Vichard de Saint-Réal
Die Verschwörung der Spanier
gegen Venedig 1618
(Le Conjuration des Espagnols
contre Venise, en 1618)

*

Herausgegeben und übersetzt von
Peter Weiß

MCMXC

SAINT-REAL

Die Verschwörung der Spanier gegen Venedig 1618

Karolinger
Wien und Leipzig

Titelaufnahme der Deutschen Bibliothek

Saint-Réal, César Vichard de:
Die Verschwörung der Spanier gegen Venedig 1618 / Saint-Réal.
[Hrsg. u. übers. von Peter Weiß]. – Wien ; Leipzig :
Karolinger, 1990
(Die Bibliothek von R...)
Einheitssacht.: La conjuration des Espagnols contre Venise, en 1618
>dt.<
ISBN 3-85418-043-8

Druck und Bindung:
M. Theiss, Wolfsberg in Kärnten
Umschlag: J. Ungelter
Bild: Alfonso de Cueva, Marqués de Bedmar
(Nationalbibliothek Wien, Porträtsammlung)

Inhalt

Über die Verschwörung

Unter den Unternehmungen der Menschen sind die Verschwörungen die größten: Mut, Klugheit und Treue, die gleichermaßen von jenen, die daran teilnehmen, verlangt werden, sind von ihrer Natur her seltene Vorzüge; noch seltener aber findet man sie in der gleichen Person vereint. So wie man sich häufig schmeichelt, mehr geliebt zu werden als es der Fall ist, überhaupt wenn man es verdient, und wenn man Sorge trägt sich beliebt zu machen, so ruhen verschiedene Anführer von Verschwörungen zur Gänze auf der Zuneigung, die ihre Mitverschworenen für sie hegen; aber es gibt kaum eine Freundschaft, die stärker ist, als die Furcht vor dem Tod. Wenn diese Zuneigung heftig ist, so täuscht sie die Urteilskraft in unvorhergesehenen Lagen: sie wird nicht von der notwendigen Diskretion begleitet; und die Mehrzahl jener Leute, die bis zum Äußersten etwas wollen, bezeugt zuviel des Willens.

Wenn ein Mitverschwörer so aufgeklärt ist, daß von seiner Seite keine Indiskretion zu befürchten ist, dann überläßt er sich niemals so heftig der Zuneigung, wie die anderen: er kennt zu sehr das Ausmaß und die Wahrscheinlichkeit der Gefahr, der er sich ausgesetzt hat und die verschiedenen Rollen, die er übernehmen kann, um sich derselben zu entledigen; er sieht endlich, daß die Vorteile, die er aus dem Unternehmen ziehen kann, ungewiß sind und daß sein Lohn gesichert ist, wenn er es aufdeckt.

Zum anderen ist der größte Teil der Fähigkeit der Menschen auf ihre Erfahrung gegründet, und selten urteilen sie richtig in der ersten Affaire, die durch ihre Hände geschieht: die Tüchtigsten sind jene, die Nutzen aus den begangenen Fehlern gewinnen, die Belehrung und Schlußfolgerungen daraus ziehen, um in Zukunft besser über sich zu herrschen. Aber da es, sei es hinsichtlich der Gefahr, sei es hinsichtlich der Schwierigkeit, keinen Vergleich zwischen einer Verschwörung und einer anderen Unternehmung gibt, so hilft die Erfahrung auf jedem anderen Gebiet weder zur Belehrung noch zu gewissen Schlußfolgerungen, um sich in einer Verschwörung richtig zu verhalten. Um hier keine bedeutenden Fehler zu machen wäre es nützlich, bereits an einer anderen teilgenommen zu haben: aber nur selten nimmt ein Mann in seinem Leben an zweien teil. Gelingt die erste, so sind die daraus gezogenen Vorteile im Regelfall meist dergestalt, daß er es nicht nötig hat, sich neuerlich dem gleichen Zufall auszusetzen; gelingt sie nicht, so geht er in ihr unter; oder wenn er entwischt, so kommt es kaum vor, daß er ein zweites Mal die gleiche Gefahr bestehen will. Diesen Unzukömmlichkeiten ist noch hinzuzufügen, daß man sich immer selbst mehr liebt als man die anderen haßt. Wie groß der Haß gegen die Tyrannen auch immer sein möge: es genügt nicht, daß die Verschwörer treu sind, wenn nicht jeder von ihnen überzeugt ist, daß es die anderen ebenso sind: daß ein Führer alle panischen Schrecken und die lächerlichsten Einbildungen, die sie fassen könnten, bedenken muß, ebenso wie die ernsten Schwierigkeiten, auf die sie in seinem Vorhaben stoßen; da das eine wie das andere es zu vereiteln geeignet sind; daß ein Wort über einen anderen Gegenstand, eine planlose Geste Glauben machen können, man sei verraten und die Durchführung überstürzen lassen können; daß irgendein zeitlicher oder örtlicher Umstand ohne jede Bedeutung manchmal genügt, den Geist zu erschrecken, einzig allein aus dem Grund, daß er nicht vorgesehen war: daß durch die Art wie die Menschen gemacht sind, es ihnen immer scheint, daß man ihre Geheimnisse errät; sie finden in allem, was vor ihnen gesagt und getan wird Grund zur Annahme, sie seien entdeckt: wer sich schuldig fühlt, bezieht alles auf sich.

Wenn alle diese Schwierigkeiten bei Verschwörungen gegen eine einzige Person fast unbewältigbar sind, wie verhält es sich dann in solchen, die sich gegen eine große Zahl auf einmal richten, die auf die Usurpation einer Stadt oder eines ganzen Staates gerichtet sind und die aus diesem Grunde viel mehr Zeit für die Planung und mehr Menschen für die Durchführung erheischen?

Diese Betrachtungen ließen mich immer den Blick auf diese Art von Unternehmungen als die moralischsten und belehrendsten Gegenstände der Geschichte richten; auch aus diesem Grunde unternehme ich es die Öffentlichkeit an der Verschwörung teilhaben zu lassen, die 1618 ein Botschafter Spaniens in Venedig gegen diese Republik unternahm.

Ich weiß nicht ob mein Urteil von der Liebe zu dem Gegenstand, den abzuhandeln ich unternommen habe, beeinträchtigt ist; aber ich gestehe freimütig, daß es mir scheint, daß man nirgends besser zu sehen vermag, was die Vorsicht in den Geschäften der Welt und was der Zufall vermag, die ganze Ausbreitung des menschlichen Geistes und seine verschiedenen Schranken, seine größten Erhebungen und seine geheimsten Schwächen, die unendlichen Bedachtnahmen deren es bedarf, um Menschen zu regieren, den Unterschied zwischen guter und schlechter Subtilität, der Geschicklichkeit und der Feinheit. Und wie die Bosheit niemals hassenswerter ist, als wenn sie mit den vortrefflichsten Gegenständen Mißbrauch treibt, so wird man ohne Zweifel an dieser Geschichte mit Schrecken dessen gewahr werden, wenn man sieht, wie große Eigenschaften benutzt und für einen verabscheuungswerten Zweck verwendet werden. So konnte einst ein weiser Grieche, als er einen Verbrecher mit bewundernswerter Beständigkeit auf der Folter eine Lüge aufrecht erhalten sah, sich des Ausrufes nicht enthalten: „Oh, der Unglückliche, der von einer so guten Sache so schlechten Gebrauch macht!“

Die Verschwörung der Spanier gegen Venedig

Der Zwist zwischen Paul V. und der Republik Venedig war durch Frankreich beendet worden, wobei dem Heiligen Stuhl die Ehre, die ihm gebührt und den Venezianern der Ruhm, den sie verdient hatten, gewahrt blieb; nur die Spanier hatten Grund, sich zu beklagen. Da sie sich für den Papst erklärt und ihm die Unterwerfung der Venezianer durch die Waffen angeboten hatten, waren sie durch die Verhandlungen, die fast ohne ihre Teilnahme abgelaufen waren, gekränkt: nachdem sie das Geheimnis der Übereinkunft erkannt hatten, wußten sie, daß sie keinen Grund hatten, sich darüber zu beklagen und daß die Mißachtung, die man ihnen in dieser Angelegenheit bezeugt hatte, von der Seite der Republik kam. Es war der Senat, der sie von der Vermittlung ausschließen wollte. Er war der Meinung, daß sie in einer Angelegenheit, in der sie so viel an Parteilichkeit gezeigt hatten, nicht Schiedsrichter sein könnten.

Zu Lebzeiten Heinrichs IV. zeigten sie keine Ressentiments aufgrund dieser Beleidigung: die Verbindungen dieses Fürsten mit den Venezianern war nicht weniger bekannt, als die Sorge, mit der er ihre Interessen in der Auseinandersetzung mit dem Römischen Hof vertrat. Aber sein Tod gab den Spaniern Freiheit und es fehlte nur mehr ein Vorwand.

Eine Truppe von Freibeutern, Uskoken genannt,

hatte sich in den Ländern, die das Haus Österreich am Adriatischen Meer besitzt und die an Venedig grenzen, eingerichtet. Diese Räuber, die eine Unzahl von Übeltaten an den Untertanen der Republik verübt hatten, wurden durch Erzherzog Ferdinand von Graz, den Souverän des Landes und späteren Kaiser, beschützt. Es war dies ein sehr religiöser Fürst; aber seine Minister teilten die Beute mit den Uskoken: und da sie dem spanischen Hof ergeben waren, nutzten sie die Gelegenheit, um sich an den Venezianern zu rächen.

Kaiser Matthias, gerührt von den gerechten Klagen der Republik, beruhigte im Februar des Jahres 1612 diese Zwistigkeiten in Wien; aber diese Übereinkunft wurde von Seiten des Erzherzogs so wenig eingehalten, daß es zu einem offenen Krieg kommen mußte, aus dem er nicht alle Vorteile zog, die sich die Spanier versprochen hatten.

Die Venezianer verschmerzten mit Leichtigkeit die Verluste einiger kleiner Treffen. Da sie von den Türken nichts zu befürchten hatten, konnten sie diesen Krieg besser als der Erzherzog nähren. Dieser Fürst wurde vom Kaiser zum Friedensschluß gedrängt, da der Großherr Ungarn bedrohte; außerdem hatte er bedeutende Summen anzusparen, um seine Wahl im Königreich Böhmen, die bald danach erfolgte, zu begünstigen. Die Spanier hätten ihm gern die Mittel zur Fortsetzung des Krieges gegeben, aber Karl Emanuel, Herzog von Savoyen, gegen den sie zur gleichen Zeit Krieg führten, erlaubte ihnen nicht, ihre Kräfte zu teilen; da der Herzog von der Republik beachtliche Unterstützung an Geld empfing, vermochte sie nicht, ihn von jener zu trennen.

Der Rat von Spanien war zutiefst erzürnt, die Venezianer allerorts an führender Stellung zu finden. Das sanfte und friedliche Genie des Königs Philipp III. und seines Favoriten, des Herzogs von Lerma, zeigte ihnen keinen Weg aus dieser lästigen Lage; aber ein Botschafter, den sie in Italien hatten und der nicht gemäßigt wie sie war, unternahm es, sie aus jener zu ziehen.

Es war dies Don Alfonso de la Cueva, Marqués von Bedmar, Botschafter in Venedig, einer der mächtigsten Genies und der gefährlichsten Geister, die Spanien jemals hervorgebracht hatte. An den Aufzeichnungen, die er hinterlassen hat, sieht man, daß er all das besaß, was nach alten und neueren Geschichtsschreibern einen außergewöhnlichen Menschen formt. Er verglich die Angelegenheiten, welche jene schildern, mit jenen, die sich zu seiner Zeit begaben. Er beobachtete genau die Unterschiede und die Ähnlichkeiten der Affären und wie die Unterschiedlichkeiten jene Umstände verändern, in denen sie sich ähnelten. Er fällte gewöhnlich sein Urteil über den Ausgang eines Unternehmens, sobald er den Plan und seine Grundlegung kannte. Wenn er im Fortgang befand, daß er ihn nicht erraten hatte, stieg er zur Quelle seines Irrtums auf und bemühte sich, das zu entdecken, was ihn getäuscht hatte. Er hatte durch dieses Studium die sicheren Wege, die verläßlichsten Mittel und die wichtigsten Umstände erfaßt, welche großen Entwürfen einen guten Ausgang bedingen und die sie fast immer gelingen lassen. Diese andauernde Übung in Lektüre, Meditation und Beobachtung der Dinge der Welt hatten ihn auf einen derartigen

Punkt der Weisheit geführt, daß seine Überlegungen über die Zukunft im Spanischen Rat fast für Prophetien galten.

Mit dieser tiefen Kenntnis der Natur der großen Affären verband er einzigartige Talente, um jene zu handhaben; eine Leichtigkeit des Sprechens und Schreibens in einer ungewöhnlich angenehmen Art; ein erstaunlicher Instinkt, Menschen zu erkennen; ein immer heiteres und offenes Betragen, in dem er immer mehr Feuer denn Würde zeigte; weit entfernt von der Verstellung bis zur Naivität; einen freien und gefallenden Humor, der um so undurchdringlicher war, als ihn alle Welt zu durchdringen glaubte; schmeichelnde und zarte Umgangsformen, die aus den verschlossensten Herzen Geheimnisse zogen; allen Anschein einer völligen Freiheit des Geistes selbst in den grausamsten Wirren.

Die spanischen Botschafter vermochten damals die Höfe, an die man sie sandte, zu beherrschen und der Marqués von Bedmar war seit dem Jahr 1607 für die schwierigste ausländische Mission, Venedig, ausgewählt worden, in der man sich weder mit Frauen, Favoriten noch durch Mönche behelfen kann. Der Spanische Rat war derart zufrieden mit ihm, daß man sich, obwohl man ihn auch anderenorts gebraucht hätte, selbst nach sechs Jahren nicht entschließen konnte, ihn abzuberufen.

Der lange Aufenthalt gab ihm Zeit, die Prinzipien dieser Regierung zu studieren, ihre geheimsten Gänge zu enträtseln, Stärke und Schwäche zu entdecken, ebenso wie Vorteile und Mängel. Als er sah, daß der Herzog gezwungen sein werde, Frieden zu schließen und daß jener für das Haus Österreich nur schändlich sein konnte, da das Unrecht auf seiner Seite war, beschloß er etwas zu unternehmen, um dem zuvorzukommen.

Er zog in Betracht, daß es in dem Zustand, in dem sich Venedig befand, nicht unmöglich wäre, mit den Einsichten, über die er verfügte und mit den Kräften, auf die er zählen konnte, sich zu seinem Herrn zu machen. Die Armeen hatten an Waffen, wie an Männern, die sie tragen konnten, alles ausgeschöpft. Da die Flotte noch niemals so schön gewesen war, glaubte sich der Senat furchtbar und fürchtete nichts. Allerdings konnte sich diese unbesiegbare Flotte von der istrischen Küste, die der Herd des Krieges war, kaum entfernen. Das Landheer stand nicht näher, sodaß Venedig nichts hatte, das sich einer Landung der spanischen Seemacht hätte widersetzen können. Um eine solche Landung sicherer zu machen, gedachte sich der Marqués von Bedmar der wichtigsten Stellen, wie des Markusplatzes und des Arsenals, zu bemächtigen; da dies in einer völlig ruhigen Stadt schwierig gewesen wäre, gedachte er, an solchen ausgewählten Stellen Feuer zu legen, wo es am Wichtigsten wäre, zu löschen.

Er wollte darüber vorerst nicht nach Spanien schreiben: er wußte, daß es die Fürsten nicht lieben, sich eher über diese Arten von Geschäften zu erklären, bevor sie so weit fortgeschritten sind, daß man für die Ausführung nur mehr ihres Einverständnisses im Falle des Gelingens bedarf.

Er begnügte sich, gegenüber dem Herzog von Useda, dem ersten Staatssekretär, zu bemerken, daß angesichts der Schande, die das Haus Österreich im friulanischen Krieg durch die freche Aufführung der Venezianer erlitt und dessen, daß alle Wege der Verständigung, die in Wien und anderswo beschritten worden waren, schmählich schienen, er sich in einer Lage fühle, in der Natur und Politik einen treuen Untertan verpflichten, Zuflucht zu außergewöhnlichen Pfaden zu nehmen, um seinen Fürsten und sein Land von einer im anderen Falle unvermeidlichen Schande zu bewahren: daß ihm selbst diese Sorge besonders anstünde und ihn aufgrund seines Amtes in Stand setzte, besser als irgend jemand anderer zu beurteilen – da er ohne Unterlaß die Quellen des Übels, dem es abzuhelfen gelte, vor Augen habe – worin dieses Heilmittel bestehen könne; und daß er sich bemühen werde, sich dieser Aufgabe in einer, für den Eifer, den er für die Größe seines Herrn habe, würdigen Weise zu entledigen.

Der Herzog von Useda, der ihn kannte, so wie er war, erfaßte zunächst, daß diese Rede ein gleichermaßen bedeutendes wie gefährliches Vorhaben überdecke: aber wie alle klugen Leute in die Kenntnis dieser Art von Dingen nicht eintreten, es sei denn, sie wären dazu gezwungen, so teilte er seine Überlegungen dem ersten Minister nicht mit, sondern antwortete dem Marqués von Bedmar in allgemeinen Wendungen; daß er seinen Eifer preise und daß er sich im übrigen auf seine gewohnte Vorsicht verlasse. Der Marqués erwartete auch keine andere Antwort und war daher auch nicht überrascht, eine so kühle zu empfangen; er gedachte seinen Plan erst darzustellen, wenn er seines Einverständnisses sicher sein könnte.

Es gab auf der Welt niemals eine so absolute Monarchie wie das Regiment, mit welchem der Senat von Venedig diese Republik beherrscht. Bis in die mindersten Angelegenheiten macht man dort unendliche Unterscheidungen zwischen den Edelleuten und anderen Personen. Nur diese Adeligen haben in allen zugehörigen Ländern zu entscheiden. Die größten Herren und die ersten Beamten dieser Länder begegnen ihnen eher als Souveränen denn als Gouverneuren; und wenn die Republik manchmal die ersten Ränge in ihren Armeen Ausländern verleiht, so ist dies immer unter Bedingungen, die sie notwendigerweise verpflichteten, den Ansichten des venezianischen Generalissimus zu folgen und die ihnen letztlich nur die Sorge für die Durchführung überlassen.

Wie es keinen glaubwürdigeren Vorwand, als den Krieg gibt, um das Volk zu belasten, so gab der Krieg mit den Uskoken den Adeligen, die ihn führten, eine schöne Gelegenheit, sich zu bereichern. Dieser Krieg bedeutete eine ungeheure Ausgabe: außer dem Geld, daß nach Piemont ging, galt es in der Folge fast eine dritte Armee in der Lombardei gegen den Gouverneur von Mailand zu unterhalten, der ständig irgendwelche Diversionen zugunsten des Erzherzog zu unternehmen drohte. Die Gerechtigkeit der Sache der Republik machte die Kommandeure in der Erfindung neuer Lasten noch kühner und das Volk im Hinnehmen nicht geduldiger. Sie stiegen bis zu einem Punkt, zu dem der Marqués von Bedmar vernünftigerweise versichert sein konnte, daß die Revolution, die er plante, dem Volk ebenso angenehm wie den Großen verderblich sein könnte.

Es gab selbst unter den Großen viele, die die Regierung nicht liebten: dies waren die Parteigänger des Römischen Hofes. Die einen, ehrgeizig und rachsüchtig, die den größeren Teil ausmachten, waren darüber verstimmt, daß die Republik während des Streites mit diesem Hof gegen ihren Rat regiert wurde. Mit Freuden hätten sie das Unglück des Staates gesehen, als Frucht einer Haltung, die sie nicht gebilligt hatten. Einige andere, schlichter und derber, wollten katholischer als der Papst sein. Da dieser in den Vereinbarungen seine Ansprüche zurückgenommen hatte, stellten sie sich vor, daß er dazu aus politischen Gründen gezwungen war, und daß, wenn dies mit gewissen inneren Vorbehalten gewesen wäre, zu fürchten sei, daß die Exkommunikation gemäß der Absicht Seiner Heiligkeit vorhalte. Unter diesen gab es einige Senatoren, ebenso arm an Gütern des Glücks wie an solchen des Geistes, die in der Folge den Plänen des Marqués von Bedmar dienlich waren, nachdem er sie davon überzeugt hatte, daß man seit diesem Ereignis nicht mehr mit gutem Gewissen Venezianer sein könne.

Trotz strenger Verbote für den Adel, mit Fremden zu verkehren, hat er Mittel gefunden, enge Verbindungen mit den Ärmsten und Unzufriedensten zu knüpfen. Hatten sie nahe Verwandte in den Konventen, irgendwelche Kurtisanen oder vertraute Kirchenmänner, so kaufte er das Wissen dieser Personen zu welchem Preis auch immer; auch machte er ihnen Geschenke von großem Wert, obwohl es in der Regel nur Kuriositäten aus fremden Ländern waren. Diese Freigebigkeiten, ohne

Notwendigkeit erzeigt, ließen jene, die sie empfingen denken, daß sie bedeutendere an sich ziehen könnten. Mit dieser Aussicht befriedigten sie völlig seine Neugierde über alle Gegenstände, nach denen er sie frug: sie waren besorgt, sich selbst über Dinge zu unterrichten, von denen sie zuwenig wußten, um seine Fragen gut beantworten zu können; und indem seine Erkenntlichkeit ihre Erwartungen überstieg, ruhten sie nicht, bis sie ihre Herren in diesen Handel gezogen hatten. Es ist anzunehmen, daß die Notdürftigkeit die Ursache davon war und daß diese Adeligen nicht ohne Neid von ihnen völlig abhängige Personen sahen, die durch Geschenke reicher als sie selbst geworden waren. Wie auch immer, seit dieser Zeit gab es keine Beratung des Senates mehr, die für den spanischen Botschafter geheim blieb: er war von allen Beschlüssen, die man dort fasste unterrichtet, und die Generäle des Erzherzogs kannten jene hinsichtlich des Krieges, bevor noch die Generäle der Republik Order zu ihrer Ausführung erhielten.

Nach diesen Einsichten benötigte der Botschafter eine ansehnliche Zahl von Kriegsleuten, um in seiner Unternehmung erfolgreich zu sein; aber da in der Lombardei eine mächtige spanische Armee stand, fürchtete er nicht, daß es ihm an Männern fehle, gesetzt, er hätte einen Gouverneur zu Mailand, bereit in seine Pläne einzutreten. Der Marqués von Inojosa, der damals dieses Amt inne hatte, hatte zu enge Bindungen an den Herzog von Savoyen, um sich dazu zu verstehen; er hatte mit ihm den Vertrag von Asti unterzeichnet, in dem Frankreich und die Venezianer Vermittler zwischen diesem Fürsten und ihm gewesen waren. Der Botschafter, der wußte, daß diese Verhandlungen in Spanien keinesfalls gebilligt würden, schrieb dorthin, um ihn abberufen zu lassen, und ermunterte gleichzeitig Don Pedro von Toledo, Marqués von Villafranca, seinen intimen Freund, das Gouvernement von Mailand zu beanspruchen. Don Pedro erhielt unverzüglich Order, die Stelle von Inojosa am Ende des Jahres 1615 einzunehmen; noch bevor er in Mailand ankam, gab er durch den Marqués von Lara Mitteilung nach Venedig.

Der Botschafter teilte dem Marqués sein Projekt in einer Weise mit, die am geeignetsten war, dessen Zustimmung zu finden und beauftragte ihn mit der Erkundung, ob ihm der neue Gouverneur, wenn es Zeit wäre, 1500 Mann seiner besten Truppen zur Verfügung stellen könnte. Don Pedro, entzückt von der Größe des Unternehmens, beschloß, ihm umso mehr zu sekundieren, als er sich bei einem Fehlschlag nicht dem sicheren Ruin aussetzte. Er entsandte den Marqués von Lara ein zweites Mal nach Venedig, um den Botschafter seiner zu versichern; gleichzeitig bat er ihn zu bedenken, daß er die geforderten Männer auf das sorgfältigste aussuche; wenn sie umkämen, so wäre es unentschuldbar, alles, was er an den tapfersten Soldaten in seiner Armee gehabt hätte, einer so bedeutenden Gefahr ausgesetzt zu haben; daß er ihm trotzdem das Beste ihm mögliche gebe und daß er sie so gut auswähle, daß er für sie einstehe, wie für sich selbst.

Nichts war für den Plan des Botschafters wichtiger, als jede Art von Ausgleich zu verhindern. Angesichts dessen verband er den Marqués von

Lara, durch den Gouverneur von Mailand dem Senat höchst überzogene Friedensvorschläge zu machen. Wie vorausgesehen, antwortete der Senat mit Indignation und wollte keineswegs in Verhandlungen mit ihnen treten. Don Pedro übersah von seiner Seite nichts, um die Dinge noch mehr zu verschärfen. Der Herzog von Mantua war wenig geneigt, seinen aufständischen Untertanen jenen Pardon zuzubilligen, den er im Vertrag von Asti versprochen hatte: man ermutigte ihn, sich jenem Artikel zu widersetzen. Dem Herzog von Savoyen machte man zum Abschluß dieses Vertrages Vorschläge, von denen man wohl wußte, daß er sie nicht annehme; auch entschuldigte man sich, unter dem Vorwand des Krieges in Friaul, nicht vor ihm, wie vereinbart, die Waffen niederzulegen, indem sich Spanien nicht mehr in Ehren einer Parteinahme enthalten könne: die venezianische Armee hatte den Isonzo überschritten und Gradisca, die Hauptstadt des Erzherzogs, belagert.

Der Rat von Spanien, der sich bisher neutral gezeigt hatte, drohte sich zu erklären, da er sah, daß dieser Fürst beraubt werden sollte. Zu jener Zeit nahm die Mißhelligkeit zwischen dem spanischen und dem deutschen Zweig des Hauses Österreich, die seit der Auseinandersetzung des Sohnes und des Bruders von Karl V. hinsichtlich der Nachfolge im Reich bestanden hatte, ein Ende. Das Interesse der Spanier an diesem Krieg war das erste Zeichen dieser Versöhnung. Don Pedro ließ den Feldhauptmann Gambalotta mit den Truppen nach Crema vorrücken; in Pavia ließ er 24 Geschütze aufstellen, die, wie er verlauten ließ, bald von einem Korps von 8000 Mann, unter dem Befehl von Don Sancho von Luna, begleitet würden. Auf der anderen Seite drohte der Vizekönig von Neapel, der im Mittelmeer mit der spanischen Flotte kreuzte, den Herzog von Savoyen über Villa Franca anzugreifen. Er sperrte jeder Unterstützung, die der Republik über das Meer zukommen könnte, die Zugänge und machte es sich zur Aufgabe, täglich in den Golf einzulaufen, um die venezianische Flotte in Schach zu halten.

Da die venezianischen Gesandten bei allen Höfen gegen die Gewaltsamkeit dieses Vorgehens Klage führten, unternahm es der Marqués von Bedmar, es zu rechtfertigen: er hielt es für wichtig für seinen Plan, die Fundamente der Verehrung zu zerstören, die ganz Europa seit Jahrhunderten für die Republik, als den ältesten und freiesten aller Staaten, hegte. Anläßlich des Zwistes mit dem Papste war diese Freiheit neuerlich durch mehrere Schriften begründet und deutlicher als je zuvor dargelegt worden, die für unwiderleglich galten, obgleich es der Gegenpartei an geschickten Männern, die darauf geantwortet hatten, nicht fehlte.

Der Botschafter, der diese Schriften neuerlich studiert hatte, widerlegte in wenigen Kapiteln die zahlreichen Bände venezianischer Autoren, ohne einem einzigen die Ehre zu erzeigen, ihn zu nennen: und wie es in Gegenständen dieser Art keine Frage ist, daß sie ein geschickter Mann nicht fragwürdig erscheinen lassen könnte, so zeigte er – unter dem Vorwand das Recht der Kaiser über Venedig wieder herzustellen –, daß die Unabhängigkeit dieser Republik ebenso wie ihre Herrschaft über das Meer nichts als Schimäre sei. Da es seinem Zweck nicht dienlich war, als Autor dieses Büchleins bekannt zu werden, ließ er es auf so geschickte Weise erscheinen, daß man Zeit seines Lebens nichts von seiner Autorschaft erfuhr. Es scheint seltsam, daß man dies nicht einmal argwöhnte; glaublich ist, daß ihn die Venezianer noch nicht genug kannten: er ließ nur ein lebhaftes und derbes Betragen sehen, was jene nicht ahnen ließ, daß ein Mann so ungestümen Charakters der Autor einer Staatssatire höchster Feinheit und Delikatesse sein könnte. Ausgewogenheit und guter Glaube schienen hier allenthalben zu regieren; und selbst die eingestreuten Vorwürfe gegen die Anschläge der Venezianer waren in Ausdrücken so deutlicher Mäßigung gehalten, daß sie allein schon genügten, um sie glaubwürdig zu machen. Dieses Werk, das den Titel „Squittinio della Libertá Veneta“ führte, machte viel Aufsehen.

Da man den Autor nicht kannte, fiel aufgrund vorgehender Schriften der Verdacht natürlich auf den Römischen Hof. Die Weisen des Senates glaubten, daß alle Welt die Kraft dieser Schrift empfinde wie sie; sie erschraken darob mehr, als sie es beim Verlust einer Schlacht getan hätten und Fra Paolo erhielt den Befehl, sie zu untersuchen. Dieser Mann, der sich mit anderen Schriftstellern der gegnerischen Partei auseinandergesetzt hatte, erklärte, es gelte dem letzteren nicht zu antworten, da man dabei Dinge erhellen müsse, die man besser im Dämmer der Vorzeit versunken sein ließe; sollte hingegen der Senat der Meinung sein, daß es die Würde der Republik erheische, diese Ausfälle zu rächen, so übernehme er es, den Römischen Hof in so große Verlegenheit sich zu verteidigen zu setzen, daß er nie mehr an einen Angriff dächte. Diese Meinung, der man in der ersten Hitze der Empörung folgte, gab Fra Paolo die Freude, seine ihm teure „Geschichte des Konzils von Trient“ zu veröffentlichen, die ohne diese Gelegenheit nie zu seinen Lebzeiten erschienen wäre.

Nachdem die Kampagne des Jahres 1616 weder der einen noch der anderen Partei ansehnliche Vorteile gebracht hatte, gaben der Herzog von Savoyen und die Venezianer, die ihren erworbenen Ruhm nicht dem Zufall eines Augenblickes aussetzen wollten, an Gritti, den Botschafter Venedigs in Madrid die Vollmacht, die Verhandlungen wieder aufzunehmen. Die Spanier, erzürnt durch den Widerstand, den sie vorgefunden hatten, machten so wenig vernünftige Vorschläge, daß die Verhandlungen nicht fortgesetzt wurden. Gradisca blieb belagert. Man schlug sich während des Winters weiter und die Armeen zeigten sich im Frühlingsfeldzug von einer Kampflust, die größere Erfolge als die des vorhergegangenen Jahres versprach. Der holländische Waffenstillstand hatte die Mehrzahl der Truppen dieses Staates überflüssig gemacht und französische und deutsche Abenteurer zur Suche einer anderweitigen Beschäftigung gezwungen; die Grafen von Nassau und Lievestein führten 8000 holländische und wallonische Soldaten in den Dienst der Republik. Die Spanier führten Klage beim Papst, daß die Venezianer Italien der Ansteckung der Ketzerei durch den Umgang mit diesen Kriegsleuten aussetzten: aber der venezianische Botschafter gab ihm zu verstehen, daß weniger das Interesse an Religionssachen, als der Schmerz, die Kräfte zweier großer Republiken gegen sie vereinigt zu sehen, die Spanier so sprechen ließ.

Der Marqués von Bedmar wäre mißvergnügt gewesen, hätte der Papst die Venezianer gezwungen, diese Häretiker wieder zu entlassen. Da die Mehrzahl der Kriegsleute nur ihren Gewinn im Auge haben, wenn sie fremden Fürsten dienen, so hoffte er, die Anführer dieser Söldnertruppe für seine Pläne zu vepflichten, wobei er einiges Geld aufzuwenden gedachte und die Hoffnung auf die Plünderung von Venedig in Aussicht stellen wollte. Um diese Angelegenheit zu verhandeln, richtete er sein Auge auf einen alten französischen Edelmann namens Nicolas de Renault, einen Mann von Bildung und Klugheit, der sich wegen einer Sache, die man nie entdecken konnte, nach Venedig geflüchtet hatte: der Marqués von Bedmar hatte ihn seit langem beim Botschafter Frankreichs gesehen, wo er wohnte. Aus den Gesprächen, die sie der Zufall miteinander führen ließ, kannte ihn Renault als einen ebenso geschickten Mann, für den man ihn hielt; der Marqués, der zufrieden war, beim Botschafter Frankreichs einen Freund dieses Charakters zu haben, hatte eine enge Verbindung zu ihm geknüpft.

Obwohl dieser Mann außerordentlich arm war, schätzte er die Tugend mehr denn Reichtümer: aber mehr noch als die Tugend liebte er den Ruhm; in Ermangelung unschuldiger Wege, um zu diesem Ruhm zu gelangen, gab es für ihn keine so verbrecherischen, die einzuschlagen er nicht fähig gewesen wäre. Die Schriften der Alten hatten ihn jene seltene Gleichgültigkeit für Leben oder Tod gelehrt, die das erste Fundament aller außergewöhnlichen Entwürfe ist; er bedauerte stets diese großen Zeiten, wo das Verdienst des Einzelnen die Geschichte der Staaten machte und wo es allen jenen, denen es daran nicht fehlte, niemals an Mitteln, noch an Gelegenheiten es zu vollführen gebrach.

Der Marqués von Bedmar, der ihn von Grund auf studiert hatte und der eines Mannes bedurfte, dem er die Durchführung seines Vorhabens zur Gänze anvertrauen konnte, sprach ihn an, indem er ihm erklärte, er hätte auf ihn vom ersten Gedanken an gezählt. Renault hielt sich durch diese Versicherung mehr verbunden, als alle nur vorstellbaren Schmeicheleien es vermocht hätten: sein fortgeschrittenes Alter hielt ihn keineswegs von dieser Verpflichtung ab; je weniger ihm zu leben blieb, um so weniger hatte er zu riskieren. Er glaubte, die paar traurigen Jahre, die ihm zu leben blieben nicht besser nützen zu können, als sie dafür einzusetzen, seinen Namen unterblich zu machen. Der Marqués von Bedmar übergab ihm die für die Verhandlung mit den Anführern der Holländer notwendigen Wechsel und Empfehlungsschreiben: er wies ihn an, das Unternehmen noch nicht zu erläutern, sondern nur vernehmen zu lassen, daß in dem zugespitzten Zustand der Verhältnisse zwischen der Republik und dem Hause Österreich der Botschafter von Spanien in Venedig Konstellationen befürchte, die seine Person der Volkswut dieser Stadt aussetzen könne, und daß er sich, um sich zu schützen, einer ansehnlichen Zahl treuer und entschlossener Freunde versichern wolle. Der Vorwand war grobschlächtig; aber die geringste Verschleierung ist in dieser Art von Geschäften eine große Hilfe: es bedeutet wenig, ob man weiß, daß es ein Geheimnis gibt, gesetzt, daß man es keinesfalls durchschaut. Durch dieses Mittel hoffte er die Elite des venezianischen Landheeres abspenstig zu machen und damit den Rest so schwach zu halten, daß es für Don Pedro ein Leichtes wäre, denselben auf dem Marsch zu besiegen, so man ihn nach Venedig führen wollte, um sich den Verschwörern entgegenzustellen.

Die Seemacht war viel mehr zu fürchten; sie war jederzeit in der Lage zu siegen. Der größere Teil der Soldaten waren natürlich Untertanen der Republik. Es stand außer Zweifel, daß die Flotte beim Ausbruch der Verschwörung nach Venedig segeln würde. Darauf zu hoffen, daß die spanische Flotte sie besiege, war nicht sicher und es wäre wenig klug gewesen, den Erfolg eines Unternehmens, das bereits so gewagt war, dem Zufall einer Schlacht auszuliefern: es galt ein Mittel zu finden, um die Flotte außer Gefecht zu setzen.

Der Botschafter, der nicht über eine Erfahrung in Seeangelegenheiten wie der Vizekönig von Neapel verfügte, der die Seemacht von Spanien kommandierte, glaubte jenen in dieser Angelegenheit konsultieren zu müssen. Der Vizekönig, der in der Tragödie, welche der Botschafter entwarf, der Hauptdarsteller sein sollte, war der Herzog von Osuna, berühmt für seine galanten Affären, und ebenso unternehmend wie Don Pedro und der Marqués von Bedmar. Diese Ähnlichkeit des Charakters hatte zwischen den drei Staatsdienern ein enges Einverständnis begründet. Don Pedro und der Herzog von Osuna waren keine großen Figuren in den Kabinetten; ja der Herzog war selbst bisweilen von bizarrem Verhalten, das sich dem Extravaganten näherte: aber die Bindung der beiden zum Marqués von Bedmar ersetzte ihnen jene Geschmeidigkeit, über die sie nicht verfügten.

Die Einkünfte, welche die Freibeuterei jenen zubringt, die sie unter irgendeiner mächtigen Begünstigung ausüben, hatte alles, was es an bekannten Freibeutern des Mittelmeeres gab, an den Hof des Vizekönigs von Neapel gezogen. Dieser Vizekönig, fruchtbar an außergewöhnlichen Entwürfen und mehr verschwenderisch denn geizig, förderte sie weniger, um an ihrer Beute teilzuhaben, als um ständig eine ansehnliche Zahl von Männern, die bereit zu allem waren, um sich zu haben. Er begnügte sich nicht, jene aufzunehmen, von denen er wußte, daß sie über das Gewöhnliche hinausgehende Verdienste besaßen, er suchte sie allerorts und erwies ihnen derartige Vorteile, daß er sie unfehlbar anzog: derart hatte er mit dem Kapitän Jacques Pierre verfahren, Normanne von Geburt, und so herausragend in diesem Geschäfte, daß es sich alle anderen zur Ehre rechneten, von ihm gelernt zu haben.

Der Charakter des Kapitäns hielt nichts von der Barbarei dieser Art des Lebens. Obwohl er genug Vermögen besaß, um anständig zu leben, beschloß er, dies hinter sich zu lassen, nachdem er noch in der Blüte seiner Jahre stand; er wählte die Staaten des Herzogs von Savoyen zu seinem Ruhesitz. Dieser Fürst, allen außergewöhnlichen Talenten zugeneigt, deren Wert er um so mehr zu schätzen wußte, als ihm die Natur davon freigiebig zugemessen hatte, kannte die Reputation dieses Korsaren als eines der tapfersten Männer der Welt und erlaubte ihm daher, sich in Nizza niederzulassen. Alle Seeleute, wie Soldaten, Offiziere und Matrosen, die jene Küste besuchten, machten regelmäßig dem Kapitän ihre Aufwartung: seine Ratschläge galten ihnen als Orakel; er war unangefochtener Schiedsmann in ihren Zwisten und sie wurden nicht müde, einen Mann zu bewundern, der von seinem Berufe, in dem er so bewandert war, gelassen hatte, und der von allen am schwersten aufgegeben wird.

Unter diesen fand sich ein gewisser Vincent Robert aus Marseille, der sich bei einer Landung in Sizilien, wo damals der Herzog von Osuna Vizekönig war, dort so gut aufgenommen fand, daß er in dessen Dienste trat. Nachdem der Herzog erfahren hatte, daß dieser Robert zu den Gefährten des Kapitäns zählte, beklagte er sich freundschaftlich bei ihm, daß sein Freund die Staaten des Herzogs von Savoyen als Ruhesitz seinem Land vorgezogen habe. Er begleitete diese Klage mit Beweisen außergewöhnlicher Wertschätzung, die er dem Mut und der Erfahrung des Kapitäns im Seewesen zollte. Er endete mit der Versicherung, an nichts, was von ihm abhinge, sparen zu wollen, um einen Mann solchen Verdienstes an seinen Hof zu ziehen. Mit Freuden übernahm Robert diese Verhandlungen; sie wurden durch so große Vorleistungen des Vizekönigs unterstützt, daß der Kapitän sich zu fügen verhalten sah, um sich mit Frau und Kindern auf Sizilien niederzulassen.

Da der Kapitän noch keineswegs das Meer aus dem Blickfeld verloren hatte, war er auch noch nicht von jener Leidenschaft geheilt, die er dafür gehegt hatte. Der Vizekönig hatte jüngst so schöne Galeonen bauen lassen und einige ebenso schwach eskortierte wie reiche türkische Kauffahrtsschiffe befanden sich auf Fahrt, daß der Kapitän einer solchen Versuchung nicht widerstehen konnte. Er sollte keinen Grund zur Reue haben; er machte unglaubliche Beute. Der Herzog von Osuna, der ihm seither wie ein Bruder war, überließ ihm den besseren Teil unter der Bedingung, daß er ihm nach Neapel folge, wohin den Herzog die Befehle des Königs riefen, um dort die Regierung zu übernehmen und daß er eine Reise in die Provence unternehme, um dort die besten bekannten Seeleute anzuheuern. Der Kapitän führte ihm genügend Männer zu, um fünf große Schiffe, die dem Vizekönig selbst gehörten, zu bewaffnen, und über welche er mit absoluter Autorität gebot. Mit dieser kleinen Flotte plünderte er ungestraft alle Inseln und Küsten der Levante; er schloß seine erste Kampagne mit einem großen Kampf ab, in welchem er ein großes Geschwader türkischer Galeeren enterte oder versenkte.

Es war dies zu jener Zeit, als der Marqués von Bedmar seinen Plan dem Herzog von Osuna eröffnete, überzeugt, daß er ihn ohne Mühe einbeziehen könne. Der Herzog, der diese Meere beherrschte, wünschte nichts brennender, als jenen zu schaden, die sie ihm streitig machen könnten und die nicht so leicht zu schlagen waren wie die Türken. Er eröffnete sich dem Kapitän und legte ihm die

Schwierigkeiten dar. Der Kapitän hielt sie nicht für unüberwindlich; nach einigen Tagen geheimer Beratungen verließ er unvermutet Neapel in einer Equipage mit allen Zeichen von Hast und großer Eile. Der Vizekönig setzte in alle Richtungen, außer in jene, wohin er gegangen war, Leute auf die Spur, mit dem Auftrag, ihn tot oder lebendig zu ergreifen. Seine Frau und seine Kinder wurden in den Kerker geworfen und vom Tag an in einer, dem Anschein nach grausamen Weise festgehalten. Alle seine Güter wurden eingezogen; die Wut des Herzogs raste in einer Weise, daß ganz Neapel darob staunte, da seit langer Zeit bekannt war, wie zugetan er ihm gewesen war. Da der Kapitän nicht weniger lebhaft schien als der Vizekönig, schenkte man ihrem Zerwürfnis leicht Glauben; man meinte, daß der Mann gegen Spanien oder gegen die Interessen des Herzogs und seine besonderen Pläne Verrat geübt habe: indes kehrte jener an den Ort seines ersten Asyls zurück.

Der Herzog von Savoyen befand sich im offenen Kriege gegen die Spanier und war als der großzügigste Fürst der Welt bekannt. Obwohl er einiges Mißvergnügen gezeigt hatte, als der Kapitän seine Staaten verlassen hatte, um sich nach Sizilien zu begeben, so zögerte der Schelm nicht, ihn aufzusuchen und sich ihm zu Füßen zu werfen. Er berichtete ihm einige vergebliche Vorhaben des Vizekönigs gegen die Republik von Venedig – schrecklich schon in der Vorstellung, aber ohne Bezug zur Wahrheit – in die er sich unter Bewahrung seiner Ehre nicht verstricken habe lassen. Er habe versucht, gewisse Maßnahmen zu ergreifen, um sich mit seinem Vermögen und seiner Familie aus Neapel zu retten; als er jedoch erfuhr, daß der Vizekönig seinen Entschluß entdeckt habe, sei er zur Flucht gezwungen gewesen, um sich damit dessen Wut zu entziehen und zugleich alles, was ihm am teuersten in dieser Welt wäre, der Willkür des Grausamsten aller Menschen zu überlassen.

Der Herzog von Savoyen fand sich durch diese düstere Erzählung von Mitleid gerührt und empfing ihn mit offenen Armen. Er sagte dem Korsaren, daß seine Interessen eng mit jenen der Republik verknüpft seien und übernahm es, dem Dienste, den er der gemeinsamen Sache erwiesen habe, zur Anerkennung zu verhelfen, sollten dies die Venezianer nicht tun. Er fügte hinzu, daß es wichtig sei, den Senat durch seinen Mund von den Plänen des Herzogs von Osuna zu unterrichten. Nachdem er ihn ermahnt hatte, die Ungnade als Mann von Mut zu ertragen, und nachdem er ihn mit allen Dingen versehen und ihm ein großartiges Geschenk gemacht hatte, hieß er ihn, versehen mit Beglaubigungs- und Empfehlungsschreiben, die Reise nach Venedig zu unternehmen.

Die Venezianer waren nicht weniger mitfühlend als der Herzog von Savoyen. Die Flucht, die Tränen, die Armut, die Hoffnungslosigkeit, das Ansehen des Kapitäns, die Hoffnung, daß er eine große Zahl beherzter Männer, die er für den Herzog von Osuna angeworben hatte, in ihren Dienst zöge, aber vor allem die Pläne dieses Herzogs, von denen er erzählte und die er ebenso glaubwürdig wie nur nötig war, erfunden hatte: all diese Dinge sprachen so gewichtig zu seinen Gunsten, daß man ihm vorerst das Kommando eines Schiffes überließ. Einzig und allein Contarini, Botschafter in Rom, wies in seinen Briefen darauf hin, daß man diesem Manne, der aus dem Umkreis des Vizekönigs komme, mißtrauen sollte; aber die Furcht, auf die ja Leichtgläubigkeit immer folgt, ließ die Venezianer diesen klugen Rat mißachten. Kurze Zeit nach dem Auslaufen der Flotte machte der Kapitän, der wußte wie wichtig es für ihn war, sich auszuzeichnen, so ansehnliche Prisen bei den Uskoken, daß man ihm nach der Rückkehr von diesem Zug elf Schiffe zu jenen, die er bereits hatte, unterstellte.

Er berichtete dem Herzog von Osuna von seinem glücklichen Erfolg und schloß seine Depesche mit diesen Worten: „Wenn diese Narren immer so leichtgläubig sind wie bisher, so wage ich Eurer Exzellenz zu versichern, daß ich meine Zeit in diesem Lande nicht vergeuden werde.“ Zur gleichen Zeit schrieb er an alle Genossen, die er in Neapel gelassen hatte, um sie in den Dienst der Republik zu ziehen. Es fiel ihm nicht schwer, sie zu überreden: seit seiner Flucht behandelte sie der Vizekönig, der sie zu verdächtigen vorgab, ebenso schlecht wie er sie vorher gut behandelt hatte.

Der Herzog von Osuna führte wegen des Schutzes, den die Republik dem Kapitän gewährte, förmlichen Protest. Um sich zu rächen, zog er die Uskoken an sich, welche die venezianischen Waffen aus ihren Stützpunkten vertrieben hatten. Unter seiner Schutzherrschaft begannen sie wieder mit ihren Einfällen: sie eroberten ein großes Schiff, das von Korfu nach Venedig segelte, und verkauften öffentlich unter seiner Fahne die Beute; er verhängte beachtliche Repressalien aus kleinen Anlässen; er verweigerte den aus Spanien kommenden Befehlen, jene, die er ergriffen hatte, freizulassen, den Gehorsam und veröffentlichte ein Manifest, um seinen Ungehorsam zu begründen. Er ließ eine große Flotte im Adriatischen Meer kreuzen und im Triumph in Neapel die von den Venezianern erbeuteten Schiffe mitziehen. Endlich ruinierte er ihren Handel, selbst zu Lasten der Neapolitaner, die daran Interesse hatten; die Steuerpächter des Königsreiches, die sich darob beklagen wollten, drohte er hängen zu lassen.

Da es zwischen Spanien und der Republik keinen erklärten Krieg gab, kamen die Venezianer nicht aus dem Staunen, in das sie ein so regelwidriges Verhalten versetzte. Fast alle schrieben es einzig der Eigenwilligkeit des Herzogs von Osuna zu; die Klügeren aber, die wohl wußten, daß es nichts Nützlicheres gibt, als diese Art von Narren, wenn man sich ihrer zu bedienen weiß, glaubten, daß sich die Spanier der Capricen des Herzogs bedienten, um all jene Schritte zu unternehmen, die sie weder unterstützen, noch offen bekennen wollten. Seine gewöhnliche Rede handelte stets davon, die der Republik gehörigen Häfen Istriens zu überraschen; ihre Inseln zu plündern und wenn es sich ergäbe, einen Überfall auf Venedig zu machen. Er studierte den Plan mit seinen Höflingen. Er ließ genaue Karten der Umgebung anfertigen, Barten, Brigantinen und andere zur Befahrung von Kanälen geeignete kleine Schiffe bauen; Versuche anstellen, welche Wassertiefe das Gewicht bei verschiedener Schiffsbreite verlangte; täglich erfand er neue Maschinen um das Gewicht zu vermindern und die Manövrierfähigkeit zu erleichtern. Zur großen Entmutigung des Marqués von Bedmar, der zu bereuen begann, seine Interessen mit einem so unbesonnenen Manne verbunden zu haben, gab der venezianische Resident in Neapel genauen Bericht von den Vorfällen: doch der Erfolg zerstreute die Befürchtungen des ersteren.

Der Vizekönig bewerkstelligte all dies so auffällig, daß die Venezianer darüber nur lachten. Selbst die Klügsten glaubten nicht, daß sich unter so handfesten Demonstrationen etwas Wesentliches verberge. Der Herzog setzte seine Vorbereitungen nach Belieben fort, ohne daß man den mindesten Verdacht schöpfte; seine Indiskretion, die das Unternehmen ruinieren hätte können, beförderte es mehr als alle Umsicht des Marqués von Bedmar. Nichtsdestoweniger meinte der Marqués, daß es die Ausführungen zu beschleunigen gelte, sei es um den Venezianern keine Muße zur Überlegungen zu lassen, sei es wegen der Gefahr, der seine Person täglich ausgesetzt war. Nachdem die venezianische Flotte der spanischen einmal die Schlacht angeboten hatte, die diese nicht angenommen hatte, worauf die erstere die Küsten von Apulien geplündert hatte, zeigte der Pöbel von Venedig eine so unverschämte Freude, daß der Botschafter und seine Haushaltung ohne Zweifel massakriert worden wäre, hätte man ihnen nicht Wachen gesandt.

Zur gleichen Zeit erhielt er Nachrichten aus dem Lager von Gradisca, die ihn über diesen Zwischenfall trösteten. Renault teilte mit, daß er so glücklich gesinnte Geister gefunden habe, daß seine Verhandlungen in kurzer Zeit zum Abschluß kämen. Der Botschafter befahl ihm, nach Mailand zu reisen, bevor er zurückkehre; und Don Pedro empfing ihn mit all jenen Liebenswürdigkeiten, mit denen die Großen gewöhnlich die Geister jener blenden, die sich in ihrem Dienst verzehren. Gemeinsam kamen sie überein, daß es gelte, eine Stadt auf dem venezianischen Festland zu besitzen, deren man sich zur gleichen Zeit wie Venedigs bemächtigen könnte; daß diese Stadt die anderen zügeln würde; daß diese als Waffenplatz der spanischen Armee bei ihren Angriffen auf die Städte und als Riegel gegen Venedigs Armee dienen sollte, wenn es jene entsetzen wollte.

Renault reiste durch die wichtigsten Städte und hielt sich einige Zeit in Crema auf, um daselbst mit Hilfe eines französischen Leutnants namens Jean Berard, eines italienischen Kapitäns und eines provençalischen Leutnants, die Don Pedro hier bereits gewonnen hatte, eine Partei zu bilden. Diese drei Männer machten sich erbötig, 500 Spanier in der Stadt zu verbergen, ohne dem venezianischen Kommandanten je Anlaß zum Verdacht zu geben und diesen acht Tage später zu überwältigen. Nach der Prüfung der Angelegenheit am Orte hielt sie Renault mit dieser Zahl von Leuten für fast unfehlbar. Es galt nur der jämmerlichen Garnison, die man aus den Milizen des Landes gebildet hatte, die Kehle durchzuschneiden, da sich alle Regulären der Republik in den Plätzen Friauls oder in den Armeen befanden. Der Herzog von Osuna und der Marqués von Bedmar befanden es weiters einvernehmlich nötig, einen befestigten Platz der Venezianer im

Golf zu haben, um die Verbindung zu den Uskoken und zum Erzherzog herzustellen, sowie um der spanischen Flotte als Stützpunkt zu dienen, wenn diese, beim Einsatz in diesem Meer, durch irgendwelche Zwischenfälle Zuflucht zu nehmen genötigt wäre. Zu diesem Behufe wählten sie das befestigte Marano, gelegen auf einer an Istrien grenzenden Insel, das über einen Hafen verfügt, der eine große Flotte aufnehmen kann. Ein Italiener namens Mazza, der daselbst seit 40 Jahren Platzmajor war, vefügte dort über fast ebenso viel Ansehen wie der Gouverneur. Gegen eine bedeutende Summe und die Zusicherung des Kommandos versprach dieser Mann einem Agenten des Herzogs von Osuna, den Gouverneur beim ersten Befehl zu töten, um sich zum Herrn der Festung zu machen und sie im Namen der Spanier zu halten. Die Einhaltung dieses Versprechens war für ihn ebenso einfach, wie es abzugeben: der Gouverneur, der Proveditor Lorenzo Tiepolo, lebte in großer Vertrautheit mit ihm; und da ihn das Amt des Proveditors in Kriegszeiten an dieser Grenze viel beschäftigte, verließ er sich hinsichtlich der Angelegenheiten in der Festung gänzlich auf den Platzmajor, als den ältesten und fähigsten Offizier der Garnison.

So standen die Dinge, als der Botschafter glaubte, letzte Hand an sein Werk anlegen zu sollen. Außer zuzuwarten konnte er den bereits ergriffenen Maßnahmen nicht mehr viel hinzufügen; aber er wußte, daß die Länge der Zeit tödlich ist für Pläne dieser Art. Es ist unmöglich, daß sich alle die verschiedenen Mitteln, die zum Erfolg beitragen sollten, sich zur gleichen Zeit in einem dienlichen

Zustand befinden. Die ersten ändern ihre Richtung, während die anderen vorbereitet werden; wenn man einmal so glücklich ist, sie in einer genügenden Anzahl miteinander verbinden zu können, ist es ein kapitaler Fehler, den schicksalshaften Punkt einer so kostbaren Konjunktion vorbeigehen zu lassen.

Es war von äußerster Bedeutung für die Ehre der Krone Spaniens, daß sein Botschafter nicht überführt werden könnte, an diesem Unternehmen teilgehabt zu haben – für den Fall, daß es mißlänge. Unter diesem Gesichtspunkt beschloß er, außer Renault und dem Kapitän sich keinem anderen der Mitverschwörer anzuvertrauen: selbst diese beiden Männer kannten einander nicht. Ohne Aufforderung kamen sie niemals zu ihm und er hatte stets vorgesorgt, sie zu verschiedenen Zeiten zu treffen, auf daß sie einander nicht begegnen könnten. Würden sie entdeckt, so wäre es für ihn günstiger, wenn sie untereinander keine Verbindung hatten. Aus dieser Sorge hätte er sie gerne weiter in einer Weise handeln lassen, daß sie einander nicht kennenlernten, so wie er es bisher gehalten hatte: aber nachdem er es reiflich bedacht hatte, fand er dies unmöglich; nachdem er in seiner Seele am Erfolg seines Planes verzagte, wenn er nicht eine vollkommene Verbindung zwischen ihnen herstellte, beschloß er diesen Schritt zu wagen, so mißlich er ihn auch fand.

Obwohl beide über Mut und Geschicklichkeit verfügten, rühmte sich Renault stets, die Dinge so gut einzurichten, daß ihre Durchführung leicht und ihr Erfolg unfehlbar sei. Der Kapitän hingegen, an Lebensalter bei weitem nicht so fortgeschritten, war stolz darauf, fähig außerordentlicher Entschlüsse und groß in der Durchführung zu sein. Der Marqués erläuterte ihm die verschiedenen Verhandlungen, die Renault geführt hatte; sein Wissen, das ihm Mittel und Auswege in allen Lagen liefern konnte; seine Beredsamkeit und seine Geschicklichkeit, neue Parteigänger zu gewinnen; sein Talent im Schreiben, so nützlich in Gelegenheiten, wo es galt, sich laufend über den Zustand der Flotten, der Provinzen und der Armeen unterrichtet zu halten: er setzte hinzu, daß er gedacht hätte, daß ein Mann dieser Art dem Kapitän eine große Hilfe wäre; daß es sich um einen Greis von großer Erfahrung handle, dem es weder an Mut noch an Festigkeit fehle; daß ihn aber sein Alter und sein Beruf – mehr Mann der Schreibstube als Kriegsmann – nicht instande setzten, mit dem Kapitän den Ruhm der Ausführung zu teilen. Was Renault anging, so sagte er nur, daß der Kapitän der Mann des Herzogs von Osuna sei, daß dem Herzog der bessere Teil in ihrem Plan überlassen werden müsse; es daher nicht den Anschein haben dürfe, daß man vor seinem Vertrauten etwas verberge; er beschwor ihn, sich zu der Art des Korsaren in dem Maße, wie es für ihr Ziel notwendig sei, herabzulassen und diesem jene Ehrerbietung zu erweisen, die das Herz eines stolzen, und bis zum letzten hoffärtigen Mannes der Tat gewinnen könnte.

Nachdem der Marqués von Bedmar auf diese Weise vorgearbeitet hatte, um die beiden Männer einzustimmen, gut miteinander auszukommen, war sein Erstaunen außerordentlich, als er sie zum ersten Male zusammenführte; sobald sie einander erblickten, sah er, wie sie sich mit großer Zartheit umarmten. Es ist kein Geist so stark, daß er nicht über Dinge, die ihn außergewöhnlich überraschen, ein unverständiges Urteil fällt: der erste Gedanke des Botschafters war, er sei verraten. Nachdem er vorgesorgt hatte, daß sich die beiden Männer nicht kennenlernten, konnte er nicht begreifen, warum sie ihm ihre Bekanntschaft verborgen hatten: dieses Geheimnis ward bald aufgeklärt. Er erfuhr, daß sie sich bei einer berühmten Griechin, einer Frau von für eine Kurtisane, außerordentlichem Verdienst, getroffen hatten. Dafür bedurfte es keines anderen Beweises als dieses Abenteuers, da sie das Geheimnis, das sie sie gebeten hatten, aus ihrem Namen zu machen, auf das peinlichste gewahrt hatte. Die Verläßlichkeit erschien ihnen um so bewundernswerter, als ihr nicht verborgen geblieben war, daß sie füreinander hohe Wertschätzung empfunden hatten.

Der Botschafter, erholt von seiner Überraschung, war beglückt, ein Einverständnis bereits vorzufinden, das er in dieser Art gewünscht hatte. Sie gestanden im Fortgang der Unterhaltung, daß jeder für sich geplant hatte, jeweils den anderen in das Unternehmen einzubeziehen. Da ihr Herz voll von ihren Plänen war, kamen sie bei ihren Unterhaltungen bei jener Griechin manchmal auf Gegenstände dieser Art, wie auf solche des Staates und des Krieges zu sprechen. Dies geschah, ohne sich einander zu entdecken und ohne auch die Absicht dazu zu haben; sie gestanden gleichwohl in Gegenwart des Botschafters offen ein, daß sie die Hitze des Gespräches manchmal ein wenig weit geführt und Anhaltspunkte gegeben hatte, ihre Gefühle zu ergründen. Der Botschafter lud sie ein, aus dieser Erfahrung Nutzen zu ziehen, in Hinkunft umsichtiger zu sein und aus dieser Erfahrung zu erkennen, daß es für die wahre Geheimhaltung einer großen Affäre nicht genüge, nichts zu sagen und nichts zu tun, was mit ihr im Zusammenhang stehe, sondern daß man sich nicht einmal daran erinnern dürfe, das man von ihr wisse.

In der Folge berichtete Renault, daß die venezianischen Offiziere nach den Friedensgerüchten, die sich Ende Juni erneuert hatten, ihre fremden Truppen schlecht behandelt hätten; und daß diese, nicht mehr durch die Autorität des Grafen von Nassau im Zaum gehalten, der zu dieser Zeit gestorben war, ihren Dienst vor Gradisca schlecht versehen hätten: daß sie der General der Republik aus Furcht vor weiterer Verschlechterung, auf die voneinander entferntesten Posten, die er zu finden vermochte, aufgeteilt habe: als diese Vorsicht das Mißtrauen, das man in ihre Treue setzte, öffentlich gemacht habe, hätten sie gemeutert; nachdem sie die Ausführung einiger Befehle des Senats dreist verweigert hätten, habe es der General für seine Pflicht gehalten, die hauptsächlichen Aufwiegler sterben zu lassen. Die Anführer der Truppen habe er in Padua festgesetzt und die übrigen auf verschiedene Plätze der Lombardei verteilt, bis man sie bezahlen könnte und die Ausführung der Verträge ihre Entlassung erlaubte.

Renault fügte hinzu, daß der Leutnant des Grafen von Nassau, mit dem er hauptsächlich verhandelt hatte, nach Bresse relegiert worden sei; daß er mit ihm in dem Sinne eine Übereinkunft getroffen habe, daß jener bereit gewesen wäre, die Stadt in die Hände Don Pedros zu bringen; daß es vor allem notwendig sei, sich hinsichtlich dieses besonderen Plans zu entschließen, weil dieser Leutnant in seinen Briefen auf eine entscheidende Antwort dränge.

Der Botschafter versetzte, daß es auf dieser Seite nichts aufzurühren gelte, bevor man nicht Herr Venedigs sei; daß man zudem nur einen einzigen Platz in der Lombardei benötige; daß man sich Cremas versichert habe und daß dieses neue Unternehmen ihre Kräfte nur spalten würde; daß man trotzdem die bereits gewonnenen Personen gefügig erhalten möge, aber die Ausführung unter verschiedenen Vorwänden immer wieder verschieben solle; und daß man schließlich, bevor man sich dem mindersten Aufsehen aussetze, den Gedanken zur Gänze fallen lassen möge.

Renault setzte fort, daß er außer mit diesem Leutnant mit drei französischen Edelleuten namens Durand, Offizier im Regiment von Lievestein, de Brainville und de Bribe verhandelt habe; weiters mit einem Savoyarden namens de Ternon, mit einem Holländer namens Theodor, mit Roberto Revellido, einem italienischen Ingenieur, zwei anderen Italienern, die seinerzeit im Arsenal beschäftigt waren, namens Luigi de Villa-Mezzana, Hauptmann der Leichten Reiterei und Guiglielmo Retrosi, Leutnant des Hauptmannes Honorat in Palma: daß er es für notwendig befunden habe, sich diesen neun Personen gänzlich zu eröffnen; daß in Folge der Weise, in der er sie ausgewählt habe, er

sich für ihre Treue mit seinem Kopf verbürge: daß sie ihm bereits während seines Aufenthaltes im Feldlager mehr als 200 Offiziere gewonnen hätten; was die Offiziere anginge, so hätte er ihnen nur zu verstehen gegeben – wie der Botschafter angeordnet habe – daß es darum ginge, nach Venedig zu ziehen, um, wenn es Zeit wäre, seine Exzellenz aus den Händen des Pöbels dieser Stadt zu befreien: nachdem er nach seiner Rückkehr geschrieben hätte, man möge ihm Kenntnis geben von der genauen Zahl der Männer, auf die er rechnen könne, hätte man ihm mitgeteilt, er könne auf 2000 Mann von den Truppen Lievestein sowie auf mindestens 2300 jener Nassaus zählen; alle Offiziere wären bereit, zur Versicherung ihres Wortes, sich in seine Hände zu begeben: vom Beginn der Verhandlungen an hätten jene ihren Soldaten mit der Hoffnung auf einen Feldzug geschmeichelt, in den sie sie nach erhaltenem Abschied durch die Republik führen würden, und in dem sie sich für die erlittene Unbill freizügig entschädigen könnten; man müsse nicht glauben, daß sie, sobald man sich erklären müsse, die Einzigartigkeit des Unternehmens abschrecken könne; sie wären aufgrund der schändlichen Behandlung, die sie erfahren hatten, in einem Maße gegen den Senat verbittert, daß es schon allein aus diesem Grund nichts gäbe, dessen sie, um sich zu rächen, nicht fähig wären; daß man ihnen der größeren Sicherheit wegen trotzdem das Geheimnis, wenn man wolle, erst dann eröffnen möge, wenn die Angelegenheiten so gut geordnet und fortgeschritten wären, daß an ihrem Erfolg nicht mehr zu zweifeln sei; indem es eine beschlossene Sache sei, ihnen Venedig zur Plünderung zu überlassen, gebe es keinen, der zögern würde, sich in einer so sicheren und schnellen Weise zu bereichern um den Rest seiner Tage in Üppigkeit zu verbringen. Vom ersten Gedanken an diese Unternehmung an hatte der Marqués von Bedmar beschlossen, sich nur dann in sie einzulassen, wenn ihm viel mehr Mittel zum Erfolg als nötig zur Verfügung stünden und diese Mittel derart unabhängig und voneinander abgesetzt sein müßten, daß, für den Fall des Versagens des einen oder anderen, die übrigen in einem Zustand der Dienlichkeit verblieben. Angesichts dessen hatte er es nicht versäumt, zusammen mit dem Herzog von Osuna Maßnahmen zu ergreifen, um über Truppen zu verfügen, obwohl er mit Sicherheit auf jene zählen konnte, die Don Pedro zugesagt hatte, sowie auf jene, mit deren holländischen Anführern Renault gesprochen hatte. Mit jeder der drei Seiten hatte er unter den gleichen Sicherheitsvorkehrungen verhandelt, als hätte er von den jeweiligen beiden anderen keine Zusagen und zudem in einer Weise, als benötige er sie für drei verschiedene Unternehmen.

Es war an der Zeit, genau zu erfahren, in welcher Zeit der Herzog von Osuna die Leute, die man ihm abverlangt hatte, nach Venedig senden könnte. Da dieser aber kein hinlänglich verläßlicher Kopf in seinen Ansichten war, daß man sich blind auf sein Wort in einer so wichtigen und schwierigen Angelegenheit verlassen konnte, galt es ihm jemand zu senden, der fähig war, am Orte selbst zu beurteilen, ob jener, was er versprach, zu halten imstande wäre. Der Kapitän konnte sich nicht aus Venedig entfernen, ohne aufzufallen: Renault wurde dringend hier benötigt; sie warfen ihr Auge auf de Bribe, einen der französischen Edelleute, mit denen Renault in Friaul verhandelt hatte; er sollte diese Reise unternehmen. Indes erhielt dieser Kavalier, während der sich auf die Abreise vorbereitete, von der Republik den Auftrag, Soldaten auszuheben, sodaß man es für besser befand, ihn das letztere ausführen zu lassen; Laurent Nolot aus der Freigrafschaft Burgund, ein Kamerad des Kapitäns, reiste an dessen Stelle am ersten Tag des Jahres 1618 ab.

Der Marqués von Bedmar glaubte, es wäre nun Zeit, sich auch dem Rat von Spanien zu eröffnen. Um allen Begehren nach Aufklärungen zuvorzukommen, beschrieb er seinen Plan in umständlichster und günstig darstellender Weise. Da ihm die Bedächtigkeit der Beratungen bei Hofe bekannt war, drängte er in einer besonderen Depesche an den Herzog von Lerma, daß er einer umgehenden und entschiedenen Antwort bedürfe; daß ihn die Gefahr, in der er sich befinde, das Recht gebe, sich in dieser entschiedenen Weise zu äußern; und daß er, wenn man diese Post länger als acht Tage zurückhielte, diese Verzögerung als Befehl, alles fallen zu lassen, auslegen müsse,

Er erhielt innert der geforderten Frist Antwort; sie war indessen nicht so eindeutig wie er gewünscht hatte. Man teilte ihm mit, daß er eine Verschiebung außer Acht lassen könne, wenn sie Nachteile brächte; daß man aber vorher, wenn möglich, inständig eine weitläufige und getreue

Darstellung des Zustandes der Republik wünschte. Der Botschafter, der in dieser Hinsicht vorbereitet war, brauchte nicht viel Zeit, um eine so schöne Relation herzustellen, daß sie die Spanier das Meisterwerk ihrer Politik nannten. Man wird hier nicht gewahr, für welchen Zweck sie gemacht wurde: indessen finden jene, die davon wissen, kein Wort, das sich nicht auf diesen Plan bezöge. Der Bericht beginnt mit einer eleganten Klage über die Schwierigkeit des Werkes, die im undurchdringlichen Geheimnis jener Regierung, die es darzustellen gilt, begründet ist. In der Folge lobt er diese Regierung; aber die Eloge betrifft mehr die Frühzeit der Republik als ihren gegenwärtigen Zustand. Von diesen Lobpreisungen aus tritt er in einen ebenso traurigen wie beredten Gemeinplatz über den beklagenswerten Zustand der menschlichen Angelegenheiten ein, daß nämlich die ausgezeichnetsten am stärksten der Korruption unterworfen seien; daß die weisesten Gesetze dieses Staates durch den Mißbrauch, den man mit ihnen treibt, die ersten Ursachen seines gegenwärtigen mißlichen Zustandes seien; daß jene Gesetze, die das Volk zur Gänze von der Kenntnis der Staatsangelegenheiten ausschließen, Gelegenheit zur Tyrannei des Adels gegeben haben und daß jene Gesetze, welche die kirchliche Gewalt der Zensur der souveränen Behörde unterwerfen, als Grundstein der Dreistigkeit des venezianischen Volkes gegen den Römischen Hof gedient habe und zwar seit dem Streite zwischen der Republik und jenem Hof. Er schmückt diese Dreistigkeiten mit den Gottlosigkeiten aus, welche die Holländer angeblich ungestraft in Friaul begangen hätten;

er empört sich besonders darüber, daß man einen bedeutenden Edelmann jenes Landes, namens Renault de Brederode, obgleich Calvinist, in der Servitenkirche von Venedig begraben habe; und er beschuldigt in diesem Aufsatz ernstlich Fra Paolo – ohne ihn zu nennen – weil er es gewesen sei, der den Senat zu dieser Kühnheit angeregt hätte. Er zeigt sich erstaunt, wie die Völker, nachdem sie nicht mehr durch die vor ihren Augen vielfach beleidigte Religion in der Botmäßigkeit des Fürsten gehalten würden, die schrecklichen Mißhandlungen, die man ihnen zufügt, ertragen können. Er stellt diese Mißhandlungen in Einzelheiten dar und übertreibt nicht, wenn er sie als unerträglich darstellt. Er zeigt in der Folge, daß die Ehre und das Blut des Volkes um nichts weniger als seine Güter der Willkür der Großen ausgesetzt sind; und da das Genie dieser Nation von der Habsucht, der Rachsucht und der Liebe getragen werde, sei es nicht zu verwundern, daß jene, die einer Regierung dieser Art gehorchen, von denen, die ihnen befehlen, bedrückt werden. Zuletzt prüft er den Zustand des Senats, der Provinzen und der Armeen. Hinsichtlich des Senates bemerkt er die Teilung: wahrheitsgemäß berichtet er, viele unzufriedene Edelleute zu kennen. Er malt aus, wie die einen Provinzen durch den Krieg gegen die Uskoken, die anderen durch die Erschöpfung in Folge der Hilfeleistungen trostlos geworden seien; daß es in jeder Garnison der Lombardei nur drei entlohnte Offiziere gäbe und daß sich die Republik daselbst nur halte, mangels irgend jemandes, der es unternehme, sie zu stürzen. Was die Armeen angeht, so gibt er einen getreuen Bericht von den Insubordinationen, die sich im Landheer zugetragen hatten, sowie von der Aufteilung und Zerstreuung der Meuterer in so großer Zahl, daß man das was übriggeblieben sei, als einen wahllos zusammengewürfelten Haufen elender Milizen ansehen könne, die weder Mut, noch Erfahrung, noch Disziplin besäßen; was die Marine angehe, so sei sie seit einiger Zeit das Asyl der niederträchtigsten Seeräuber geworden, die es im Mittelmeer gebe; Leute, die des Namens eines Soldaten ebenso unwürdig seien wie des Dienstes; deren die Republik nur so weit Herr würde, als sie nicht mächtig genug seien, um die eigenen Waffen gegen sie zu kehren.

Nachdem er diese Dinge mit wunderbarer Schönheit der Sprache und Kraft des Ausdruckes beschrieben hat, prüft er, welcher Schluß für den künftigen Zustand, die Fortune und Dauer dieser Republik daraus zu ziehen sei; er macht aus den Wirkungen, die aus den dargestellten Gegebenheiten folgen ersichtlich, daß sich die Republik im Verfall befindet und daß ihre Krankheiten solcher Natur seien, daß sie weder zur Krise findet noch ihren gegenwärtigen Zustand verbessern könne, es sei denn, sie veränderte sich zur Gänze in der Form.

Auf diesen Bericht hin gab der Rat von Spanien dem Marqués von Bedmar Freiheit zu handeln, ohne ihm irgendeine Order zu geben. Aber Nolot, der nicht zurückkehrte, hielt alles auf, sodaß der Botschafter untröstlich über seinen Fehler war, sich in einem Geschäfte dieser Art der Laune des Herzogs von Osuna auszusetzen, den er seit langem kennen sollte. Die Verzögerung war in dieser Konjunktion der Dinge tödlich. Nachdem die Spanier Vercelli genommen hatten, fand sich Gradisca auf das Äußerste von den Venezianern bedrängt, sodaß der Rat von Spanien kein anderes Mittel zur Rettung fand, als die Friedensvorschläge zu erneuern. Einvernehmlich wurde ein Schreiben nach Madrid aufgesetzt, das die hauptsächlichsten Artikel enthielt; indes fanden sich die Venezianer durch die unaufhörlichen Verwirrungen, die der Herzog von Osuna stiftete, bestimmt, die Vollmacht ihres Gesandten zu widerrufen und die Verhandlungsführung an Frankreich zu übertragen, wo der Tod des Marschalls d'Ancre Günstigeres erhoffen ließ. Der Friede wurde am 6. September zu Paris abgeschlossen.

Der Gouverneur von Mailand veständigte sich einige Zeit später in Pavia mit dem Grafen von Béthune um die Durchführung hinsichtlich des Herzogs von Savoyen zu ordnen; zur gleichen Zeit aber fuhr dieser Gouverneur fort, die Venezianer zu beunruhigen, er nahm ihnen sogar einige kleine Plätze in der Lombardei weg. Jene führten darüber allerorts Klage und rüsteten sich mehr denn je zum Kriege, bis der Marqués von Bedmar vor dem gesamten Senat Friedensbeteuerungen abgab und die Ausführung der bedungenen Punkte versprach. Er tat dies weniger, um den Befehlen aus Spanien zu genügen, als um den schlechten Eindruck auszulöschen, den der Senat aufgrund der vorhergegangenen Dinge von ihm gewonnen hatte. Angesichts dessen entledigte er sich dieser Aufgabe mit allen vorstellbaren Erzeigungen der Freude und der

Freundschaft; die Venezianer, die das, was er ihnen versprach nur allzusehr wünschten, ließen sich soweit von seinen Worten blenden, daß sie mit ihm eine Waffenruhe vereinbarten.

Diese Waffenruhe war für die Spanier ein gelungener Zug und ein Meisterwerk ihres Gesandten. Gradisca war derart bedrängt, daß es sich nicht länger als vierzehn Tage hätte halten können. Die Feindseligkeiten hätten erst nach Ablauf von zwei Monaten eingestellt werden sollen, da man diese Zeitspanne für nötig hielt, um von allen Seiten Ratifikationen einzuholen und die Angelegenheiten zur Durchführung der Verträge zu regeln. Es galt zu verhindern, daß sich die Festung während dieser Frist ergäbe: die Waffenruhe setzte sie außer Gefahr; nachdem die Spanier keinen Grund mehr hatten, sich bei der Ausführung der Friedensverträge zu beeilen, hatten sie nunmehr die Freiheit, sie in dem Maße in die Länge zu ziehen, als es ihnen für ihre Pläne notwendig erschien.

Durch Befehle aus Madrid und Vorstellungen des Papstes genötigt, machte sich der Herzog von Osuna in der Tat erbötig, einige Zeit später die Schiffe, die er genommen hatte, zurückzustellen; was die Waren anlangte, so wußte er nicht, was aus ihnen geworden war. Indessen verkaufte man sie in Neapel vor den Augen des venezianischen Residenten, auch ließ er aufs neue eine mächtige Flotte im Adriatischen Meer kreuzen. Während der Senat darob beim Marqués von Bedmar Klage führen wollte, beklagte sich der Marqués selbst noch viel heftiger. Er erklärte, sich nicht darauf zu verstehen, den Unternehmungen des Herzogs von Osuna entgegenzutreten, zumal sich nicht einmal der König, ihr Herr, darauf verstünde: daß bei so vielen Gunstbezeugungen und guter Behandlung, die er in Venedig während der ganzen Zeit seiner Gesandtschaft erfahren habe, sein einziges Mißvergnügen darin bestünde, gewußt zu haben, daß man die Aufführung dieses Vizekönigs seinen Ratschlägen zurechne: daß er daran niemals teilgenommen habe; daß man, wenn man den Herzog von Osuna kenne, leichtlich glauben könne, daß jenen nur seine Laune führte; und daß man, was ihn angehe, seine Haltung durch das friedliche Vorgehen des Gouverneurs von Mailand beurteilen könne, das er sich rühme verursacht zu haben.

In der Tat beobachtete der Gouverneur genau die Waffenruhe, blieb aber stets in Waffen; damit man dies weniger seltsam fände, fand er es nützlich, aufs neue mit dem Herzog von Savoyen zu streiten, unter dem Vorwand, daß die von diesem Fürsten verabschiedeten Truppen sich im Waadtland stationiert hätten, wo sie die gänzliche Durchführung der Verträge abwarteten. Don Pedro weigerte sich gegenüber dem Grafen von Béthune, sich wie in Pavia versprochen, zu entwaffnen und verpflichtete den Herzog von Mantua zur gleichen Weigerung. Der Graf von Béthune legte gegen beide in einer öffentlichen Schrift Protest ein, in der er sich auf deren Weigerung bezog. Auf diesen Protest antwortete man in der glaubwürdigsten Art, welche der Marqués von Bedmar zu erfinden wußte.

Aufgrund dieser Vorfälle ist leichtlich zu beurteilen, wie bedeutsam es war, die Durchführung zu beschleunigen, zumal es sehr schwierig war, die

Angelegenheit in jenem Zustand zu halten, dessen sie für das Gelingen bedurfte. Währenddessen entließ der Herzog von Osuna nicht den Nolot; nachdem sich der Botschafter, der sich am Rande der Verzweiflung befand, den Mann beauftragt hatte, um jeden Preis den Grund dafür zu entdecken, erfuhr man schließlich, worum es sich handelte.

Einige Zeit nachdem der Kapitän in den Dienst der Republik getreten war, entsandte der Herzog, der sich auf verschiedenen Wegen über den Zustand Venedigs unterrichten wollte, nach ihm einen Italiener namens Spinosa, der dort alle Dinge ausforschen sollte. Dieser Mann, der keineswegs bekannt war, fand dort bald Beschäftigung, wie alle Abenteurer, die sich darum bewarben. Er glaubte wohl, daß der Herzog irgendein bedeutendes Unternehmen plante; er traute aber dem Korsaren nicht zu, der Anführer dieses Komplottes zu sein: trotzdem glaubte er nicht, daß der Freibeuter auf so schlechtem Fuß mit dem Herzog stehe, wie alle Welt dachte. Als Spinosa nach Venedig gekommen war, hatte er dem Vizekönig angeboten, den Kapitän zu erdolchen; der Vizekönig hatte unter dem Vorwand der Gefahr bei der Ausführung, diesen Vorschlag zurückgewiesen. Spinosa, der ihn kannte und der Geist besaß, schloß daraus, daß jener, gäbe es keinen gewichtigeren Grund für diese Ablehnung, wohl nicht aus Angst einen Menschen zu gefährden, zögern würde, sich zu rächen. Trotzdem beauftragte ihn der Herzog, das Tun des Korsaren zu beobachten, sei es um Spinosa zu hindern, die Wahrheit zu argwöhnen, sei es daß der Vizekönig zu jenen Menschen zählte, die einer Person nicht gänzlich trauen und daß es ihm genehm war zu sehen, ob das, was ihm Spinosa über den Kapitän schrieb, mit dem was ihm der Kapitän selbst schrieb, übereinstimmte.

Spinosa machte sich, um sich seiner Aufgabe besser zu entledigen, an einige Franzosen heran, die er in Neapel kennengelernt hatte und die in Venedig häufig mit dem Kapitän Umgang pflogen. Diese Leute, die zu den Verschwörern gehörten, gaben dem Kapitän von den Nachforschungen des Spinosa hinsichtlich der Ausführung des ersteren genauen Bericht; ja, sie entdeckten, daß dieser Spion seinerseits versuche, irgendetwas zu komplottieren und für den Dienst des Herzogs von Osuna Handlanger zu gewinnen.

Der Kapitän entrüstete sich heftig darüber, daß der Herzog nicht volles Vertrauen in ihn setze; er war indes nicht überrascht: allein er zog in Betracht, daß Spinosa, wenn er fortführe zu intrigieren ohne sich mit ihnen ins Einvernehmen zu setzen, ihre Partei schwäche, indem er sie teile, und daß es nicht den Anschein habe, daß jener sich einem Manne, dem nachzustellen er Auftrag hatte, eröffnen werde.

Auch der Marqués von Bedmar und Renault hielten dafür, daß es keine Zeit zu verlieren gelte, diesem mißlichen Zustand abzuhelfen; nach gemeinsamer reiflicher Überlegung befanden sie, daß es keine Sicherheit für sie gebe, wenn sie nicht Spinosa fallen ließen. Er war ein Mann, der sein Leben teuer verkaufen würde, wenn man ihn zu ermorden unternähme; das Gewerbe dem er nachging, ließ ihn stets auf der Hut sein; der Kapitän wurde schließlich dazu verhalten, nachdem alle anderen Wege, ihn umkommen zu lassen, fruchtlos gewesen waren, ihn dem Rat der Zehn als Spion des Herzogs von Osuna verdächtig zu machen. Die Franzosen, mit denen er Umgang pflegte, legten die Dinge so umsichtig und mit Bedacht an, daß er gefangen gesetzt und am gleichen Tage noch im Geheimen erdrosselt wurde. Alles was er gegen den Freibeuter vorzubringen wußte, machte auf den Sinn der Richter keinen Eindruck, weil es sich gegen seinen Ankläger richtete; auch konnte er von dem, was er vorbrachte, nichts beweisen.

Diese Affäre mehrte in Venedig beträchtlich das Vertrauen, das man in den Kapitän setzte; sie störte indes den Marqués von Bedmar auf das äußerste, da sie ein deutlicher Hinweis für die Venezianer war, die Aufführung der Fremden in ihren Diensten zu beobachten.

Der Herzog von Osuna erfuhr eben vom Tod Spinosas, als Nolot in Neapel ankam. Er erriet unverzüglich den Urheber. Sein Mißvergügen ließ es ihm schlecht erscheinen, daß ihm der Marqués von Bedmar diesbezüglich nichts anvertraut hatte; und der Argwohn, den dieser Zwischenfall in seinem Herzen erzeugt hatte, versetzte ihn in den Zustand, nicht zu wissen, wozu er sich entschließen sollte.

Indessen wurden die Truppen von Lievestein, die aufs Neue gemeutert hatten, Anfang Februar über Anordnung des Senats in das zwei Meilen von Venedig entfernte Lazarett geführt. Der Marqués von Bedmar, der befürchtete, daß sie sich mit der Republik hinsichtlich des Soldes verglichen und in der Folge gezwungen wären, den Abschied zu nehmen, bewerkstelligte durch die Anführer, das sich jene mit der zuerst angebotenen Summe nicht zufrieden gaben. Um aus der Nachbarschaft dieser Truppen, die so günstig für ihren Plan war, Gewinn zu ziehen, beauftragten die Verschwörer Nolot, durch einen Eilkurier dem Vizekönig vorzustellen, daß sie während des ganzen Monats fast 5000 ihnen ergebene Männer zur Verfügung hätten. Nolot vergaß seine Aufgabe nicht; aber der Vizekönig, der seine Wut noch nicht verdaut hatte, hielt ihn so lange hin, daß die Anführer nach sechs Wochen Wartezeit aus Furcht, daß ihre Soldaten, die außerordentlich litten, ohne sie abschlössen, mit der Zustimmung der Verschwörer, welche sie nicht hindern zu können glaubten, sich selbst verglichen.

Zehn Tage später kommt Nolot mit der Entscheidung des Herzogs von Osuna an, so wie man sie gewünscht hatte, aber gerichtet an Robert Brulard, eines Genossen des Kapitäns. Der Botschafter und der Kapitän gedachten sich im Guten aus der Affäre zu ziehen, und schenkten dem Affront, den ihnen der Vizekönig durch diese Adresse gemacht hatte, keine Beachtung. Er teilte mit, daß er, wenn man wolle, bereit sei, Barten, Brigantinen und andere kleine Schiffe, die sich für die Häfen und Kanäle von Venedig eigneten, zu entsenden und dies in ausreichender Anzahl, um wenn nötig, bis zu 6000 Mann zu befördern. Nolot hatte die Truppen und Barten auslaufbereit gesehen; der Kapitän hatte die Häfen und die Kanäle, durch welche man passieren mußte, um auf dem Markusplatz zu landen, erkunden lassen. Da ihm viele Seeleute zur Verfügung standen, die sich aufgrund ihres Berufs ohne sich verdächtig zu machen, in den Häfen und Kanälen nach Belieben bewegen konnten, war es ihm ein leichtes, sich diese Auskünfte aufs Genaueste zu verschaffen.

Es blieb nun nur noch, den Abzug der Truppen von Lievestein zu verhindern. Man sparte nicht an Geld, und das Wetter der Jahreszeit diente als Vorwand der Verzögerung. Der größere Teil blieb noch im Lazarett; der andere, der bei der Ankunft Nolots schon eingeschifft war, hielt an Orten, die kaum weiter entfernt waren.

Um Renault und den Kapitän in den Aufgaben, denen sie nicht genügen könnten, zu entlasten, glaubten sie mindestens achtzehn Männer zu benötigen; beherzte Männer von Geist, denen sie sich gänzlich anvertrauen könnten. Sie setzten sich aus jenen neun zusammen, mit denen Renault in Friaul verhandelt hatte, sowie hauptsächlich aus jenen, die der Korsar aus Neapel hatte kommen lassen. Es waren dies fünf Schiffskapitäne wie er: Vincent Robert aus Marseille, Laurent Nolot und Robert Brulard, von denen bereits die Rede war; die beiden letzteren aus der Freigrafschaft Burgund stammend, ebenso wie ein anderer Brulard namens Laurent; ein weiterer Provençale namens Antoine Jaffier. Es gab weiters zwei Brüder aus Lothringen, Charles und Jean Boleau und einen Italiener namens Giovanni Riccardo, alle drei ausgezeichnete Feuerwerker; weiters ein Franzose namens Langlade, der als der kundigste Gestalter von Feuerwerken und Brandsätzen galt, den es jemals geben hatte. Die Fähigkeiten des letzteren waren so bekannt, daß man ihn vorher in seinem Gewerbe im Arsenal arbeiten hatte lassen. Aus diesem Grund hatten seine Kameraden, die Feuerwerker, daselbst freien Eingang, ebenso wie die beiden namens Villa-Mezzana und Retrosi, welche von Renault angeworben worden waren.

Diese sechs Personen zeichneten gemeinsam einen so genauen Plan des Arsenals, daß jene, die schon dort gewesen waren, sich ebenso sicher darauf stützen konnten, wie jene, die niemals dort gewesen waren. Bei dieser Arbeit wurde ihnen von zwei Offizieren des Arsenals geholfen, die der Kapitän dort gewonnen hatte. Sie schienen ihm mit ihrer Beschäftigung unzufrieden, mit Fähigkeiten für seinen Pläne ausgestattet, geeignet sich dort Eintritt zu verschaffen, wenn es in ihrem Interesse läge und das getreulich zu halten, was sie versprochen hatten. Der Erfolg entsprach dem Urteil, das er sich von ihnen gebildet hatte. Er würzte das Lob, das er ihnen zu jeder Gelegenheit zollte, mit einer so ansehnlichen Anzahl spanischer Pistolen, die ihm zur Verfügung standen, daß sie sich blind zu alldem verpflichteten, was er ihnen befehlen sollte.

Langlade und die beiden Offiziere wohnten im Arsenal. Renault hatte drei der Freunde, nämlich Bribe, Brainville und Laurent Brulard zu sich nach Hause in die Residenz des französischen Botschafters genommen. Die drei Feuerwerker hielten sich beim Marqués von Bedmar auf, der ihnen Pulver, andere Materialien und die für ihre Profession notwendigen Instrumente lieferte, ohne aber irgendeine Verbindung mit ihnen zu halten. Sie hatten sich bereits mit mehr Sprengkörpern und Feuerwerken, als sie benötigten, ausgerüstet; der Palast des Botschafters war so voll davon, daß es unmöglich war, andere als jene daselbst unterzubringen. Der Kapitän wohnte in seinem gewöhnlichen Wohnhaus, und zwar allein, um für den Fall, daß er beobachtet würde, keinen Anlaß zum Argwohn zu geben; was die anderen anging, so hatte er sie bei der Kurtisane, wo er und Renault einander kennengelernt hatten, untergebracht. Die Wertschätzung, die Freundschaft, die auf die Liebe folgte, welche sie für diese Frau empfunden hatten, mehr aber noch die Kenntnis ihres abenteuerlichen Lebens ließen sie glauben, keine bessere Wahl treffen zu können.

Die Kurtisane stammte von einer griechischen Insel des Archipels und war aus so edlen Verhältnissen, als man es in einem Land unter venezianischer Herrschaft sein konnte, ohne Venezianer zu sein. Jener, der dort im Namen der Republik das Regiment führte, hatte, nachdem er sie durch große Aussichten verführt hatte, ihren Vater ermorden lassen, da dieser den Venezianer zur Einhaltung seines Versprechens verpflichten wollte. Die Tochter war nach Venedig gekommen, um Sühne für diesen Mord zu begehren, indes umsonst; diese Demarche hatte die wenigen Güter, über die sie verfügte, verzehrt – ihre Schönheit half ihrem Unglück ab, so wie sie seine Ursache gewesen war. Es gibt kein so heftiges Ressentiment, wie das einer wohlgeborenen Person, die zur Ausübung eines ihr unangemessenen Berufes gezwungen ist. Mit Entzücken vernahm sie vom Projekt ihrer beiden Freunde; sie setzte alles ein, um es zu unterstützen.

Sie mietete eines der größten Häuser Venedigs und übersiedelte hierher, und nahm unter dem Vorwand, noch einige Verbesserungen durchführen zu müssen, nur einen Teil ihrer Einrichtung mit, um einen Grund zu haben, das Haus, daß sie vorher besaß und das nicht weit davon lag, weiter zu behalten.

In diesen beiden Häusern hielten sich fast sechs Monate lang elf der Hauptverschwörer auf. Da ihr alles an Leuten von Rang aus dem Ausland und aus Venedig die Aufwartung machte und da aufgrund dieser großen Anzahl von Besuchern jemand jene hätte entdecken können, die bei ihr Logis genommen hatten, täuschte sie Unpäßlichkeit vor, um sich davon frei zu machen. Wer weiß, mit welcher Ehrerbietung Frauen dieser Profession in Italien behandelt werden, begreift ohne Mühe, daß ihr Haus durch dieses Mittel an Isoliertheit gewann, unüberwindbar für jene, die dort keine Geschäfte hatten. Die Verschwörer gingen nur nachts aus und hielten ihre Versammlungen tagsüber ab.

In diesen Versammlungen brachten Renault und der Kapitän jene Dinge vor, über die sie mit dem Marqués von Bedmar übereingekommen waren, um die Meinung der Gesellschaft einzuholen und mit ihr die Art der Durchführung zu lösen. Wenn es galt, sich zum Marqués zu begeben, betrugen sie sich mit der in einem Lande und einer Zeit erforderlichen Umsicht, wo die Häuser der Botschafter unter Beobachtung standen, als wären sie voller Feinde. Gemeinschaftlich hatten sie seit langem beschlossen, daß man vor der Ausführung in Venedig 1000 Soldaten haben müsse; da es aber gefährlich gewesen wäre, sie bewaffnet heranzuführen, hatte der Marquès von Bedmar für mehr als 500 mit Waffen vorgesorgt. Dies im Geheimen zu tun war ihm ein leichtes gewesen; die Gondeln der Botschafter wurden, von welchem Ort immer sie kamen, nicht visitiert und es bedurfte nur der Gelegenheit, um diese 1000 Mann unauffällig nach Venedig zu führen.

Der Doge Donato starb und wurde durch Antonio Priuli ersetzt, der sich in Friaul aufhielt, um die Verträge zu exekutieren. Der Generalkapitän hatte Befehl, ihn mit der Flotte einzuholen. Der Großkanzler und die Staatssekretäre hatten ihm vorzugehen und die Dogenmütze zu tragen. Zwölf der bedeutendsten Senatoren sollten ihm als Gesandte der Republik folgen, jeder in einer bewaffneten und prachtvoll geschmückten Brigantine und mit einem superben Gefolge. Der gesamte Senat hatte ihn weit draußen auf dem Meer auf dem Bucentauro zu empfangen und ihn mit dem ganzen Gefolge in die Stadt zu rudern.

Da es kaum vorkommt, daß sich jene, die man zu Dogen macht, außerhalb Venedigs befinden, würde dieser Pomp eine unendliche Zahl Neugieriger in die Stadt ziehen. Dies voraussehend, sobald er von der Wahl Priulis überzeugt war, sandte der Marqués von Bedmar Nolot zum zweiten Male nach Neapel mit dem Befehl, in größtmöglicher Eile und in seiner Gegenwart die Brigantinen des Herzogs von Osuna in See stechen zu lassen. Um jeden Anlaß der Verzögerung zu verhindern, wurde der Kapitän beauftragt, dem Herzog den genauesten Plan der Ausführung darzulegen und ihn vor allem davon in Kenntnis zu setzen, was sich in Venedig während der ersten Reise Nolots zugetragen hatte. Der Korsar überbot noch diese Vorsichtsmaßnahme: er wollte auf jede Weise den Stolz des Vizekönigs schonen; um ihm darzutun, daß man nicht glaubte, irgendeinen Anlaß zu haben, sich über ihn zu beklagen, beendete er seine Depesche mit diesen Worten: „Ich beklage Nolots Nachlässigkeit hinsichtlich seines langen Aufenthaltes in Neapel; denn ich zweifle keineswegs, daß Eure Exzellenz die Dinge bewerkstelligt hätten, wenn er sie so dargestellt hätte, wie sie waren. Notwendigerweise hätte er Geld oder ähnliche Dinge fordern sollen; er hatte aber ausdrückliche Order zum Gegenteile; und ich mache mich erbötig, wenn es vonnöten ist, Venedig von jetzt an sechs Monate in meiner Gewalt zu halten und die große Flotte Eurer Exzellenz zu ewarten, gesetzt, daß Ihr mir die Brigantinen und die 6000 Mann, welche Ihr mir angeboten habt, sofort nach Nolots Ankunft sendet." Dieser Brief ist vom 7. April, dem Tag der Abreise Nolots.

Indessen ließ Renault alle Offiziere der angeworbenen Truppen nach Venedig kommen, auf daß sie die Stadt und ihre Posten kennenlernten und sich nicht in der Nacht der Ausführung verirrten. Vor ihrer Abreise wählten sie aus allen holländischen Truppen 1000 Mann, bereit bei Tagesanbruch abzumarschieren; damit die Abwesenheit der 1000 Mann weniger auffiele, nahmen sie darauf Bedacht, sie gleichermaßen aus allen Standorten des Staates und des Festlandes, wohin man sie vestreut hatte, zu nehmen. Um diese Menge unterzubringen, belegte jeder der Offiziere die größtmögliche Anzahl von Quartieren, ohne Anlaß zum Argwohn zu geben: den Herbergswirten sagte man, daß sie Fremden, die das Fest zu sehen kommen würden, bestimmt seien; was die Offiziere selbst anging, so logierten alle bei Kurtisanen, wo sie sich, indem sie gut bezahlten, so sicher wie nirgends anderswo befanden.

Es blieb nun nichts mehr, als den Befehl zur Durchführung zu regeln; der Marqués von Bedmar, Renault und der Kapitän verfügten gemeinsam folgendes:

„Sofort nach Einbruch der Nacht werden jene der 1000 Krieger, die ohne Waffen angekommen sind, beim Botschafter bewaffnet. 500 verfügen sich auf dem Markusplatz zum Kapitän; der größere Teil der anderen 500 wird sich in der Gegend des Arsenals Renault anschließen; der Rest bemächtigt sich an der Rialtobrücke aller Barken, Gondeln und ähnlicher Gefährte, mit denen in höchster Eile ungefähr 1000 andere Soldaten von Lievesteins Truppen, die sich noch im Lazarett befinden, eingeholt werden. Während dieser Fahrt führe man sich so friedlich wie möglich auf, um sich nicht deklarieren zu müssen, bevor die Truppen angekommen sind.

Sollte man trotzdem dazu gezwungen sein, weil irgendetwas entdeckt wird, hat sich der Kapitän am Markusplatz zu verschanzen; Renault wird sich auf eine Weise, die noch dargestellt wird, des Arsenals bemächtigen. Daraufhin wird man zwei Kanonenschüsse als Signal für die Brigantinen des Herzogs von Osuna abgeben, die sich bereithalten, in Venedig einzulaufen; die Spanier, die sie herbeiführen, hätten die Wallonen, die man hole, vorerst zu ersetzen.

Für den Fall, daß man sich während dieser Fahrt

nicht zu erkennen geben müsse, nimmt der Kapitän von den am Markusplatz gelandeten Wallonen 500 und vereinigt sie unter dem Kommando des Majors Durand mit den 500 Mann, über die er bereits verfügt. Diese 1000 Mann beginnen auf dem Platz mit dem Kampf; daraufhin macht sich der Kapitän mit 200 Mann zum Herrn des Dogenpalastes, vor allem aber der Waffenkammer, die sich dort befindet, um jene, die dessen bedürfen, auszustatten und um den Feind zu hindern, sich dort zu bedienen. Hundert andere unter Bribe bemächtigen sich der Zecca; hundert weitere unter Brainville besetzen die Procuratíe unter Hilfestellung einiger Männer, die man bereits während des Tages im Glockenturm untergebracht haben würde. Die genannten 100 Mann bleiben als Wachmannschaft im Glockenturm, solange die Durchführung währt, auf daß man nicht Sturm läuten könne. Weitere Wachen besetzen den Eingang aller Straßen, die zum Platz führen. An diesen Eingängen wird Artillerie, von der Straßenseite her gerichtet, aufgestellt; bis man Artillerie aus dem Arsenal bekäme, wird sie von der Fuste des Rats der Zehn herbeigeschafft, die sich in der Nähe befindet und die man unschwer nehmen könne. An allen Orten, derer man sich bemächtigt, sind Wachen aufzustellen und es ist alles zu erdolchen, was man trifft; während dieser verschiedenen Operationen im Umkreis des Platzes hat der Major mit dem Rest der Truppen den Kampf zu bestreiten. All diese Dinge sind mit so wenig Lärm wie möglich durchzuführen.

In der Folge wird man beginnen, sich erkennen zu geben, indem man das Tor des Arsenals sprengt.

Auf diesen Knall hin stecken die acht Verschwörer, die den Plan gezeichnet haben und die sich im Inneren aufhalten mit Hilfe der für diesen Zweck beim Botschafter vorbereiteten Feuerwerke das Arsenal an den vier Ecken in Brand; die wichtigsten Befehlshaber werden erdolcht. In der Verwirrung, welche das Feuer und der Lärm der Sprengkörper stiften, wird dies um so leichter zu bewerkstelligen sein, als sie diesen Befehlshabern unverdächtig sind. In der Folge schließen sie sich Renault an; sobald dieser eingedrungen ist, töten sie gemeinsam die Besatzung; die Soldaten führen die Artillerie an alle vorgesehenen Plätze, wie in die Arena de Mari, auf den Fóndaco dei Tedeschi, zu den Salzmagazinen, auf den Turm der Procuratíe, auf die Rialtobrücke und in andere wichtige Stellungen, von denen aus man im Fall des Widerstandes die Stadt in Trümmer legen könnte. Zu der Zeit, zu der Renault das Arsenal sprengt, dringt der Kapitän in das Gefängnis von St. Markus ein und bewaffnet die Gefangenen. Die wichtigsten Senatoren werden getötet und gedungene Leute legen an mehr als 40 Plätzen der Stadt Feuer, an so weit voneinander entfernten Stellen wie nur wöglich, um die größtmögliche Verwirrung zu stiften. Währenddessen haben die Spanier des Herzogs von Osuna durch ein Signal erfahren, daß man Herr des Arsenals sei; sie landen am Markusplatz und verteilen sich alsbald in den wichtigsten Stadtvierteln, wie in San Giorgio, dem Judenviertel und anderen unter der Führung von neun anderen Verschwörern.

Es wird nichts anderes als ‚Freiheit' gerufen; nachdem all diese Dinge abgeschlossen sind, wird die Plünderung, außer bei den Ausländern, erlaubt; diesen darf bei Todesstrafe nichts genommen werden; umgebracht wird nun nur mehr, wer Widerstand leistet."

Nolot fand bei seiner Ankunft in Neapel alle Dinge so wohlgeordnet, daß die 6000 Mann am nächsten Tag unter dem Kommando eines Engländers namens Haillot in See stachen. Um weniger Anlaß zum Argwohn zu geben, ließ der Herzog von Osuna seine großen Schiffe einen langen Umweg in ihre Stellungen machen; Haillot aber und die Brigantinen schickte er auf dem kürzesten Weg. Am zweiten Tag ihrer Fahrt traf die kleine Flotte auf Seeräuber aus der Barberei, die sie angriffen. Da die Flotte nur für die Beförderung der Männer und nicht für große Kämpfe gerüstet war, fand sie sich von den Geschützen der Barbaren stark belästigt, deren Brigantinen auch besser zu steuern und die besser bewaffnet waren. Obwohl aber auf den Schiffen aus Neapel zu viele Leute zusammengepfercht waren, denen es an notwendigem Raum zu einer geordneten Verteidigung mangelte, traktierten sie nichtsdestoweniger – es waren dies alle ausgewählte Spanier – jene Feinde, die entern konnten, so derb mit Säbelhieben, daß es die Korsaren vielleicht bereut hätten, ihre Fahrt unterbrochen zu haben, wären sie nicht durch einen wütenden Sturm zerstreut worden, der sie in der größten Kampfeshitze voneinander trennte. Die kleine Flotte wurde dadurch so beschädigt, daß sie für einige Zeit nicht mehr in See stechen konnte.

Nachdem der Marqués von Bedmar infolge dieser Neuigkeiten befand, daß er das Fest, das in Venedig vorbereitet wurde, nicht mehr stören konnte, nahm er in großartiger Weise daran teil. Vor dem gesamten Senat, wo er dem neuen Dogen seine Aufwartung machte, trug er vor, daß die besondere Freude, die er seiner Erhöhung bezeugte, von seiner Hoffnung herrühre, daß Seine Serenität die günstigen Vorkehrungen für die Vollendung des Friedens, die sie eben in Friaul getroffen habe, auch auf dem Thron fortsetze.

Sofort nach der Audienz sandte er nach Renault und dem Kapitän. Zuerst fragte er sie, ob die meinten, daß man alles fahren lassen müsse. Sie versetzten, daß sie nicht allein gegenteiliger Meinung wären, sondern daß selbst ihre Gefährten durch das Mißgeschick nicht mehr berührt erschienen, als wenn jene glücklich angekommen wären, und daß alle bereit seien, die notwendigen Schritte zu unternehmen, um die Partie im gegenwärtigen Stand zu halten und auf eine glücklichere Gelegenheit zu warten. Der Botschafter, der ihnen die Frage bereits zitternd gestellt hatte, umarmte sie nach dieser Antwort unter Tränen der Freude. Mit einer Heiterkeit und einer Lebhaftigkeit, die die schwächsten Herzen gestärkt hätte und die den erschrockensten Seelen Unerschütterlichkeit und Kühnheit eingeflößt hätte, sagte er ihnen, daß große Rückschläge, die in gewöhnlichen Dingen die Geister überraschen können, in außergewöhnlichen Unternehmungen natürliche Vorfälle sind; daß sie der einzige Prüfstein der Seelenstärke sind; daß man sich daher erst dann zur Vollendung eines großen Planes fähig halten könne, wenn man ihn einmal mit Gelassenheit und Beständigkeit umgestoßen gesehen hätte.

In der Folge wird zwischen dem Marqués und seinen beiden Vertrauten einvernehmlich beschlossen, die Ausführung bis zum Himmelfahrtsfeste aufzuschieben, das die größte Festlichkeit von Venedig ist und die nicht mehr fern war; in der Wartezeit sollten die Truppen an den Orten, an denen sie sich befanden, bei Laune gehalten werden, indem man ihnen alle Bequemlichkeiten verschaffe, die sie wünschen konnten; daß man zu diesem Zweck an Geld für die Anführer nicht sparen sollte; daß man von den 300 Mann, die man nach Venedig hatte kommen lassen, nur die wichtigsten als Bürgen für die Treue der anderen hierbehielte und daß man die Subalternen zu ihren Truppen zurücksenden möge, sei es um die Soldaten bei ihrer Pflicht zu halten, sei es auch um dergestalt die Stadt zu entlasten, wo eine so große Zahl von Offizieren verdächtig werden könnte; daß man jene, die man zurückbehielte, auf die angenehmst mögliche Weise beschäftige, auf daß sie in der Wartezeit nicht müde würden und nicht Muße hätten, über den gegenwärtigen Zustand der Dinge nachzudenken; daß die zwanzig wichtigsten Verschwörer sorgfältig ihre Aufführung beobachten sollten; daß der Gouverneur von Mailand und der Vizekönig von Neapel die Verträge nicht ausführten, um die Republik damit zu verpflichen, die Verzögerung des Abzuges der Truppen von Lievestein hinzunehmen und die Truppen von Nassau nicht zu entlassen.

Alles was sich der menschliche Geist an Vorwänden vorzustellen vermag, um sich gegen die Vernunft zu verteidigen, wurde vom Marqués von Bedmar erfunden und durch Don Pedro und dem Herzog von Osuna ins Werk gesetzt. Nichtsdestoweniger waren sie jeden Tag gezwungen, einige Schritte in Richtung Frieden zu unternehmen: wegen der Hoffnung auf einen so zweifelhaften Erfolg, wie jenen der Verschwörung, wagte der Rat von Spanien nichts aufs Spiel zu setzen; Frankreich, das den Frieden von Paris unterstützen wollte, verband die Venezianer zuzustimmen, daß der Herzog von Savoyen die Truppen entließe, die im Waadtland angehalten waren und die den Verzögerungen des Don Pedro zum Vorwande dienten. Nachdem diese Schwierigkeit behoben war, streute der Marqués von Bedmar das Gerücht aus – in der Hoffnung diesen Fürsten davon abzuhalten, die von ihm genommenen Plätze in Montferrat zurückzugeben – daß, sobald der Herzog von Mantua dort wieder eingesetzt wäre, er sich mit den Spaniern dieses Staates bemächtigen würde.

Zur gleichen Zeit brach Don Pedro einen grundlosen Streit mit einem Gesandten aus Savoyen vom Zaun, der mit den Botschaftern Frankreichs nach Mailand gekommen war und ließ ihm befehlen, die Stadt zu verlassen. Der Herzog, irritiert von diesem Schimpf, rief sie zu sich und setzte die Räumung der besetzten Plätze aus; als ihm aber die Gesandten zu verstehen gaben, daß er in eine Falle gehe, die ihm Don Pedro gestellt hatte, gab er mit einem Male all das zurück, was er genommen hatte. Als er davon erfuhr, war Don Pedros Erstaunen so groß, daß er sich nicht enthalten konnte, es durch Reden in der Öffentlichkeit zu bezeugen. Er hatte auch die Gefangenen und die minderen Plätze zurückzugeben; was Vercelli, den bedeutendsten Punkt anging, so machte er so seltsame Schwierigkeiten, daß man ihm von Spanien aus drohte, ihn vor der Zeit abzuberufen. Vorerst sagte er, daß es für ihn eine Schande wäre, diesen Platz während der Anwesenheit der französischen Gesandten in Mailand zurückzustellen, als hätte ihn ihre Gegenwart dazu gezwungen. Sie zogen sich zurück. Jetzt verlangte er, daß der Herzog von Savoyen vorher gewisse Ländereien, die mantuanischen Ministern gehörten, herausgäbe. Die Ländereien wurden zurückgegeben; Vercelli ergab sich keineswegs. Als sich endlich Frankreich, das die Hochzeit der Madame Chrétienne, der Schwester des Königs, mit dem Fürsten von Piemont abschließen wollte, in einer entschiedenen Weise hinsichtlich dieses Platzes erklärt hatte, begann Don Pedro Munition und Artillerie, die sich dort befanden, wegzuführen – aber mit einer unglaublichen Langsamkeit. Nachdem ihm der Marqués von Bedmar aufgetragen hatte, sich noch weniger zu beeilen, schickte er sich an, vom Herzog von Savoyen neue Sicherheiten zugunsten des Herzogs von Mantua zu verlangen; aber selbst die Gesandten von Mantua, müde so vieler Langwierigkeiten, erklärten in einem öffentlichen Schreiben, daß sie keineswegs diese Zusicherungen verlangten.

Wenn schon diese Erklärung dem Marqués von Bedmar Sorge bereitet hatte, so bereitete ihm das Verhalten des Herzogs von Osuna noch viel mehr davon. Dieser Herzog, müde der Klagen, welche die Venezianer über ihn allseits führten, da er fortfuhr, die Schiffahrt im Golf zu stören und nicht mehr wissend, was er zu seiner Verteidigung sagen sollte, ließ am Ende mitteilen, dies so lange tun zu wollen, als die Venezianer die unversöhnlichsten Feinde seines Königs und Herren in ihren Diensten hielten. An der Sorge, die der Botschafter getragen hatte, die holländischen Truppen zurückzuhalten, über die sich der Herzog von Osuna nunmehr beklagte, kann man leichtlich ermessen, wie groß seine Enttäuschung war, als er von der Antwort dieses Herzogs erfuhr. Er zweifelte nicht daran, daß der Senat, der den Frieden um jeden Preis wollte, sie entlassen würde, um jede Entschuldigung des Vizekönigs zu vereiteln; aber dieses Mal noch täuschte der Erfolg die Vorsicht des Marqués von Bedmar.

Irgendein den Extravaganzen des Herzogs von Osuna günstiger Dämon ließ die Venezianer einen ihrer Neigung und ihren Interessen direkt gegensätzlichen Entschluß fassen. Dem Senat wurde vorgestellt, daß die Republik durch ihr Vorgehen zu sehr davon Zeugnis gegeben habe, daß sie den Frieden wünschte; daß gerade dies die spanischen Minister so schwierig in der Aufführung mache; daß, wenn man dem Vizekönig auf seine Vorstellungen hin Genugtuung gäbe, jener glauben würde, er zwänge Venedig sein Gesetz auf; und daß es gelte, nicht allein die Holländer nicht zu entlassen, sondern darüberhinaus auch die Truppen von Lievestein zurückzuhalten, die fortan bis zur gänzlichen Ausführung der Friedensverträge abmarschieren sollten.

Die Freude, welche dieser Entschluß dem Marqués von Bedmar verschaffte, wurde durch die Entdeckung des Komplottes von Crema getrübt.

Der provençalische Alfier und der italienische Hauptmann, die man dazu gewonnen hatte, schlugen sich, nachdem sie im Spiel in Streit geraten waren: der Hauptmann wurde auf den Tod verwundet; und dieser, um sein Gewissen zu entlasten, erklärte sich dem venezianischen Kommandanten, bevor er seine Seele aushauchte. Der Alfier, diesen Ausgang argwöhnend, entfloh, sobald er den Mann verwundet hatte, mit jenen Komplizen, die er benachrichtigen konnte: die anderen wurden ebenso gefangen gesetzt wie der französische Leutnant, der das Unternehmen anführte; aber da sich Renault immer nur als ein Agent aus Mailand zu erkennen gegeben hatte und sie nicht wußten, was aus ihm seither geworden war, fiel die Angelegenheit allein auf Don Pedro zurück.

Nachdem der Platzmajor, der Marano ausliefern sollte, gewisse Zuwendungen an einen Kammerdiener des Proveditors und an einen Pensionär der Republik zu seinen Gunsten verkürzt hatte, nutzen diese Leute, aufgebracht durch diesen Verlust, seine Abwesenheit, um in sein Haus einzudringen, seine Schränke aufzubrechen und sein Geld und seine Papiere zu entwenden. Dabei fanden sich Briefe, die von seinem Plane sprachen. Da er niemanden kannte, außer den Mann des Herzogs von Osuna, der mit ihm verhandelt hatte, konnte er nur diesen Herzog beschuldigen: er nahm indessen eine noblere Haltung ein; auf der Folter wiederholte er stets, daß er wohl wisse, daß man ihn nicht retten werde, was immer er gestände und daß er seinen Komplizen, so er welche hätte, lieber die Möglichkeit gebe, seinen Tod zu rächen, als sie fruchtlos mit ihm verderben zu lassen. Angesichts dieser beiden Entdeckungen dankte man in Venedig öffentlich Gott. Der Senat glaubte endlich, die verborgene Ursache des regelwidrigen Vorgehens der Spanier entdeckt zu haben; angesichts der beiden gescheiterten Anschläge vermeinte er, in eine tiefe Ruhe eintreten zu können und zweifelte nicht mehr an einer Erfüllung der Friedensverträge.

Indessen war die Zeit der Ausführung gekommen. Vom Sonntag vor Himmelfahrt bis Pfingsten gibt es in Venedig einen der berühmtesten Märkte der Welt. Der große Zustrom an Kaufleuten machte es nicht schwieriger, die Stadt zu überraschen; er gab den 1000 Soldaten, die sich unter den Händlern dorthin begeben sollten, die Möglichkeit, einzureisen und unbemerkt Logis zu nehmen. Es war ihnen ein Leichtes, die venezianischen Städte zu verlassen, auf die sie zerstreut waren, nachdem sich jene, die es am eiligsten hatten, in ihr Land zurückzugehen, sich davongemacht hatten und die Behörden keine Ordnung hielten, weil es Leute waren, welche die Republik nicht mehr bezahlte. Aus Furcht, man möge sich wundern, daß sich eine so große Anzahl in so kurzer Zeit davonmache, erklärte der größte Teil bei seiner Abreise, auf den Markt nach Venedig zu gehen. Sie verkleideten sich als Leute der verschiedensten Berufsstände. Man hielt darauf, solche zusammen zu logieren, die verschiedene Sprachen redeten, auf daß man kein Einverständnis argwöhne; sie gaben sich alle den Anschein, einander nicht zu kennen.

Die fünfhundert zur Ausführung der aufgedeckten Verschwörung von Crema bestimmten Spanier wurden von Don Pedro in die Umgebung von Bressa entsandt, um sich auf den ersten Hinweis über den Erfolg der Verschwörung zugunsten der Faktion, welche der Leutnant des Grafen von Nassau dort gebildet hatte und die noch immer bestand, der Stadt zu bemächtigen. Derjenige, der diese Spanier befehligte, wurde beauftragt, sie geradewegs nach Venedig zu führen, sobald er dazu Order von Renault erhielte.

Was die venezianische Flotte anging, so war sie zwar nach Dalmatien zurückgezogen worden; wegen der unaufhörlichen Bewegungen des Herzogs von Osuna war sie aber in der Lage, auf den ersten Befehl hin in See zu stechen. Der Kapitän sandte den Offizieren, die in seiner Abwesenheit seine zwölf Schiffe befehligten, die brisantesten Feuerwerkskörper, um sie am Vorabend des Einsatzes heimlich auf alle anderen Schiffe der Flotte zu verteilen. Da niemand diese Offiziere verdächtigte, war es ihnen ein leichtes, dies unbemerkt und unverdächtig zu tun. Er gebot ihnen, die Luntenlänge so genau zu bemessen, daß wenn möglich alles zur gleichen Zeit Feuer finge; entginge dem ein Schiff, so sei es entweder anzugreifen und zu erobern oder durch Stückfeuer zu versenken: daraufhin hätten sie nach Venedig zu kommen, ohne einen Augenblick zu verlieren, und sich zur Ausführung all jener Dinge daselbst bereit zu halten; gleichwohl sei vor dem Beginn ein neuer Befehl abzuwarten. Es wurde der Sonntag vor Himmelfahrt, der erste Tag des Marktes festgesetzt.

Dieses Mal ließ der Herzog von Osuna seine kleine Flotte so gut eskortieren, daß sie ohne Zwischenfall sechs Meilen vor Venedig ankam. Sie war in zwei Teile getrennt, die, um weniger Aufsehen zu erregen, ein wenig voneinander entfernt segelten. Der größere Teil setzte sich aus Barten zusammen, wie jene, die Fischer benutzen, um weniger Anlaß zum Argwohn zu geben; der Rest bestand aus Brigantinen, ähnlich jenen der Korsaren. Am Morgen des Samstag trug man Haillot auf, am nächsten Tag von seinem Standort zu der Stunde abzufahren, daß er in der Dämmerung in Sichtweite Venedigs ankomme; die Standarte von St. Markus zu hissen; einige kleine Inseln, die er passierte und die unverteidigt waren, zu besetzen, da von ihnen aus Venedig Nachricht von seinem Zug empfangen könnte; daß er sich in der Folge kühnlich vor den beiden Festungen des Lido und von Malamocco zeige, da man wußte, daß sie keine Garnison besäßen und daß er zwischen ihnen ungehindert passieren könnte; daß er auf Kanonenschußweite auf Venedig vorrücke; daß er Nachricht gebe, sobald er dort sei; und daß die Barke, die diese Meldung überbringen würde, ihm Matrosen brächte, die ihm als Lotsen dienten, damit er nicht auf den Sandbänken auflaufe, von denen der Venedig umgebende Sumpf voll ist, oder daß er nicht an den Felsen Schiffbruch erlitte, die den Zugang zu den Häfen jenen unmöglich machen, die sie nicht kennen.

Da der kommende Tag zur Vorbereitung der Ausführung in der Nacht benötigt wurde, hielten es Renault und der Kapitän für nützlich, am Abend mit ihren Gefährten ein letztes Mal Rat zu halten; der Kapitän überließ es Renault, den Stand der Dinge darzustellen und ihnen die nötigen Nachrichten zu geben. Es waren hier die drei Franzosen, die bei Renault wohnten, der Leutnant des Grafen von Nassau, die drei Feuerwerker, Langlade, die beiden Offiziere aus dem Arsenal, der Hauptmann und der Leutnant, die dort seinerzeit beschäftigt waren, Nolot, die beiden Brulard, Jaffier, Robert, der Holländer Theodor, der Savoyarde, der an der Erstürmung Genfs teilgenommen hatte und der Ingenieur Revellido. Diese zwanzig Personen hatten sich mit Renault und dem Kapitän bei der Griechin am verstecktesten Platz des Hauses eingeschlossen, nachdem sie alle bei solchen Zusammenkünften üblichen Vorsichtsmaßnahmen getroffen hatten. Renault ergriff das Wort.

Er hub an mit einer schlichten und ausgebreiteten Darstellung des gegenwärtigen Zustandes der Angelegenheiten, ihrer Kräfte und jener der Republik, der Vorbereitungen in der Stadt und in der Flotte, der Vorbereitungen Don Pedros und des Herzogs von Osuna, der Waffen und anderer Kriegsvorräte, die sich bei dem Botschafter Spaniens fanden, der vertraulichen Nachrichten aus dem Senat und aus dem Adel, endlich der genauen Kenntnis, die man von all dem hatte, das zu wissen nützlich sei. Nachdem er bei seinen Zuhörern Beifall für die Erzählung dieser Dinge gefunden hatte, deren Wahrhaftigkeit sie ebenso wie er kannten und die die Frucht seiner wie ihrer Sorge waren, fuhr er mit folgenden Worten fort:

„Wohlan, meine Gefährten, dies sind die Mittel, bestimmt Euch zu jenem Ruhm, den Ihr sucht, zu führen. Jeder von Euch mag urteilen, ob sie ausreichend und sicher sind. Wir haben unfehlbare

Wege, um 10000 Kriegsleute in eine Stadt zu führen, die uns nicht 200 Mann entgegensetzen kann. In einer Stadt, bei deren Plünderung sich alle Fremden, welche Neugier oder Handel hierher gezogen hat, uns anschließen werden und wo uns das Volk selbst bei der Beraubung jener Großen helfen wird, die sie so viele Male beraubt haben – sobald es derlei ungefährdet tun kann. Die besten Schiffe der Flotte gehören uns, und die anderen führen von jetzt an das mit sich, was sie zu Asche machen wird. Das Arsenal, dieses berühmte Arsenal, das Wunder Europas und der Schrecken Asiens, ist fast schon in unserer Gewalt; neun wachsame Männer, die sich daselbst aufhalten und die sich seiner seit sechs Monaten zu bemächtigen vermögen, haben ihre Vorkehrungen während dieser Verzögerungen so gut getroffen, daß sie nichts zu wagen glauben, wenn sie mit ihren Köpfen für den Erfolg haften. Hätten wir nicht die Truppen des Lazaretts, noch jene des Festlandes, noch die kleine Flotte Haillots, um uns zu unterstützen, noch die 500 Mann von Don Pedro, noch die zwanzig venezianischen Schiffe unseres Kameraden, noch die großen Schiffe des Herzogs von Osuna, noch die spanische Armee aus der Lombardei, so wären wir mit unseren vertrauten Einsichten und den tausend Soldaten, die wir haben, noch stark genug. Und trotzdem sind diese verschiedenen Hilfsquellen, die ich eben aufgezählt habe, auf solche Weise angeordnet, daß jede von ihnen versagen kann, ohne den anderen die geringste Beeinträchtigung zuzufügen. Sie können sich gegenseitig gut unterstützen, aber sie können einander nicht schaden. Es ist fast unmöglich, daß nicht alle Erfolg haben, aber eine einzige genügt uns.

Nachdem wir alle Vorkehrungen getroffen haben, welche menschliche Klugheit empfehlen mag, wie kann man über den Erfolg urteilen, den uns das Glück bestimmt hat, welches Maß seiner Gunst vermag man zu haben, das nicht geringer als unseres wäre? Es ist unerhört in der ganzen Geschichte, daß ein Unternehmen dieser Natur teilweise entdeckt wird, ohne gänzlich vereitelt zu werden; das unsrige hat fünf Zwischenfälle überstanden, deren geringster, nach aller menschlicher Erfahrung, es zum Scheitern bringen mußte. Wer hätte nicht geglaubt, daß der Fall Spinosas, der das gleiche plante wie Ihr, nicht der Anlaß unseres Falles gewesen wäre; daß die Entlassung der Truppen von Lievestein, die uns alle ergeben waren, nicht das verbreitete, was wir verborgen hielten; daß die Zerstreuung der kleinen Flotte nicht alle unsere Vorkehrungen zerstörte und nicht eine fruchtbare Quelle neuer Unzukömmlichkeiten war; daß die Entdeckung von Crema und von Marano nicht notwendig die Aufdeckung der ganzen Partei nach sich zog? Indes haben all diese Dinge keine Folge gehabt: ihre Spur, die zu uns geführt hätte, hat man nicht verfolgt, aus den Aufklärungen, die sie gaben, hat man keinen Nutzen gezogen. Niemals folgte auf so großen Lärm so tiefe Ruhe. Der Senat, wir sind getreulich unterrichtet, der Senat ist in vollkommener Sorglosigkeit. Unser gutes Geschick hat die Hellsichtigsten unter den Menschen geblendet, die Furchtsamsten sicher gemacht, die Argwöhnischsten eingeschläfert und die Listigsten verwirrt. Wir leben noch, meine teuren Freunde, und wir sind mächtiger, als wir es vor diesem Desaster waren: es hat nur zur Prüfung unserer Standhaftigkeit gedient. Wir leben, und unser Leben wird dem Tyrannen dieser Stätte bald tödlich sein. Unser so außergewöhnliches, so unabwendbares Glück, kann es natürlich sein und haben wir nicht Anlaß zu vermuten, daß es das Werk einer Macht über den menschlichen Dingen ist? Und in Wahrheit, meine Gefährten, was auf Erden ist des Schutzes des Himmels würdig, wenn nicht das, was wir tun? Wir zerstören das schrecklichste aller Regimente, wir geben den armen Untertanen dieses Staates jenes Wohl zurück, dessen sie ohne uns die Gier des Adels ewiglich beraubt hätte: wir retten die Ehre aller Frauen, die eines Tages unter ihrer Herrschaft und mit genügend Anmut, um ihnen zu gefallen, geboren werden. Wir bringen einer unendlichen Anzahl Unglücklicher das Leben, das deren Grausamkeit aufgrund geringster Vorfälle ihrem mindesten Rachegefühl zu opfern bereit ist: mit einem Wort, wir strafen die Strafwürdigsten aller Menschen, die gleichermaßen durch solche Laster, welche die Natur verabscheut, geschwärzt sind, wie durch solche, welche sie nur mit Scham erträgt.

Fürchten wir also nicht, mit einer Hand den Degen und mit der anderen die Fackel zu nehmen, um diese Elenden auszurotten. Wenn wir diese Paläste, in denen die Gottlosigkeit auf dem Throne sitzt, in einem Feuer brennen sehen, das mehr das des Himmels als unseres ist, diese so viele Male von den Tränen und der Notdurft der Unschuldigen besudelten Tribunale verzehrt von reißenden Flammen; den wütenden Soldaten, wie er seine rauchenden Hände aus der Brust des Bösen zieht; den von allen Seiten irrenden Tod und all das, was die Macht und die Willkür der Soldateska an den erschreckendsten Schauspielen hervorbringen kann, erinnern wir uns dann, meine teuren Freunde, daß es unter den Menschen nichts Reines gibt; daß die löblichsten Handlungen den größten Unzukömmlichkeiten unterworfen sind, und daß zuletzt anstelle der verschiedenen Schrecken, welche dieses unglückliche Land trostlos machen, die Wirren der kommenden Nacht das einzige Mittel sein werden, um hier für immer Friede, Unschuld und Freiheit regieren zu lassen."

Diese Rede wurde von der Versammlung mit jener Zustimmung aufgenommen, welche die Menschen gewöhnlicherweise für Gefühle empfinden, die mit den ihrigen übereinstimmen. Indes gewahrte Renault, welcher die Gesichter beobachtet hatte, daß Jaffier, einer der besten Freunde des Kapitäns, plötzlich von äußerster Aufmerksamkeit in eine Unruhe gefallen war, die zu verbergen er sich vergeblich bemühte, daß in seinen Augen noch ein Ausdruck des Erstaunens und der Traurigkeit verblieb, der eine von Schrecken ergriffene Seele kennzeichnet. Renault teilte dies dem Kapitän mit, der sich zunächst darüber lustig machte; nachdem er aber Jaffier einige Zeit beobachtet hatte, stimmte er dem fast zu. Renault, der sich vollkommen auf die Beziehungen und Verbindungen zwischen den geheimsten Regungen der Seele und den leichtesten äußeren Anzeichen verstand, die jenem entschlüpfen, der sich in irgendeiner Erregung des Geistes befindet, glaubte, nachdem er reiflich das, was ihm an der Miene und der Haltung von Jaffier erkenntlich geworden war, dem Kapitän erklären zu müssen, daß er nicht glaube, daß jener Mann sicher sei.

Der Kapitän, der Jaffier als einer der wachsamsten Männer der Welt kannte, beschuldigte dieses Urteil als überstürzt und übertrieben; Renault aber, der sich in den Kopf gesetzt hatte, seinen Verdacht zu rechtfertigen, erklärte dessen Gründe und Folgen so deutlich, daß der Kapitän begriff, daß Jaffier ein Mann sei, den es zu beobachten gelte, selbst wenn er sie nicht lebhaft empfand wie jener. Gleichwohl stellte er Renault vor, daß Jaffier für den Fall, daß er wankend geworden wäre, wovon er keine Gewißheit habe, bis zum Abend des nächsten Tages nicht genügend Zeit bliebe, sich darüber schlüssig zu werden, sie zu verraten, daß aber in jedem Falle in dem Zustand, in dem sich die Dinge befänden, keine Zeit bliebe, neue Maßnahmen zu ergreifen, und daß dies eine Gefährdung sei, der es mit Güte oder Gewalt beizukommen gelte. Renault vesetzte, daß es ein sicheres Mittel gebe, sich dieser Gefahr nicht auszusetzen, und daß dieses Mittel darin bestehe, daß sie selbst am Abend Jaffier erdolchten. Der Kapitän schwieg einige Zeit zu diesem Vorschlag, endlich aber antwortete er, daß er sich nicht entschließen könne, den besten seiner Freunde auf einen Verdacht hin zu töten: daß diese Hinrichtung verschiedene üble Folgen haben könne: daß er fürchte, ihre Gefährten aufzubringen, ihnen verhaßt und zuletzt verdächtig zu werden, sich die Herrschaft über sie oder die souveräne Richterschaft über Leben und Tod anmaßen zu wollen: daß man nicht hoffen könne, daß sie die Notwendigkeit, Jaffier zu verlieren, so wie sie beide begriffen; und daß jeder Verschwörer, dies nicht verstehend, mit Furcht sein Leben der ersten Einbildung – ähnlich jener, wie sie ihnen gekommen sei – ausgesetzt sähe. Da die Herzen in großer Bewegung seien, bedürfe es nur wenig, um sie vom Wege abzubringen; daß die mindeste Veränderung, die sie in diesem Zustand erfahren, von äußerster Bedeutung sei, weil sie nur mehr extreme Entschlüsse fassen könnten; wenn man, auf welche Weise immer, den Tod Jaffiers verbergen wolle, es noch mehr zu befürchten wäre, daß sie nicht glaubten, daß jener entdeckt, auf der Flucht, gefangen oder Verräter sei; welchen Vorwand man immer erfände, seine Abwesenheit am Vorabend der Ausführung würde die anderen nur in Furcht versetzen und ihnen traurige Gedanken eingeben.

Renault lauschte aufmerksam dieser Rede des Kapitäns, als einer ihrer Leute mit einem Befehl des Senats, den man eben erhalten hatte, eintrat, des Inhalts, daß sich am nächsten Morgen alle jene einzuschiffen hätten, die auf der Flotte Dienst taten. Gleichzeitig erhielt man ein Billett des Botschafters, das den Grund dieses Befehls aufdeckte. Der Herzog von Osuna hatte Neapel nicht so geheim verlassen können, um sich den großen Schiffen anzuschließen, als daß es die Spione der Republik nicht erfahren hätten: da er aber Order gegeben hatte, daß man eine gewisse Zeit lang kein Fahrzeug nach Venedig abfahren lasse und alle dorthin adressierten Briefe zurückerhalte, hatten die Venezianer nicht eher als an diesem Tag die Nachricht von seiner Abreise empfangen. Der Erzherzog, jüngst zum König von Böhmen gewählt, hatte von ihm Hilfe gegen die Aufständischen dieses Landes verlangt, die sich zu rühren begannen; nachdem sich der Vizekönig gebrüstet hatte, daß er diesen Hilfszug durch den Golf bis in die Häfen des Erzherzogs in Istrien führen werde, hatten ihn die Venezianer durch diesen Fürsten selbst bitten lassen, einen anderen Weg zu nehmen. Aber da er nicht durch Vernunftgründe beherrscht wurde, wie andere Menschen, so zweifelten sie nicht, als sie von seiner Abreise erfuhren, daß diese geschehe, um selbst die Hilfstruppen auf dem beschlossenen Wege zu führen. Sie wollten ihm die Durchfahrt nicht, wie sie es vermocht hätten, streitig machen, weil sie keinen Bruch suchten; sie gedachten ihre Flotte an die istrischen Küsten, wo er seine Truppen an Land setzen mußte, zu entsenden, um ihn zu beobachten und ihn vor den Versuchungen zu bewahren, denen er sich angesichts ihrer Meereshäfen aussetzen könnte.

Die festesten Entschlüsse des Menschen entspringen gewöhnlich nur einer starken Vorstellung von der Gefahr, die sie zu bestehen haben. Durch das Mittel dieser Vorstellung macht sich die Seele letztlich mit den Umständen der Gefahr vertraut, wie erschrekkend sie immer sein möge, da sie jene zu betrachten gezwungen ist; aber die ganze Festigkeit des Entschlusses ist derart an diese Umstände geknüpft, daß, wenn sich ein Umstand zum Zeitpunkt der Ausführung verändert, zu befürchten ist, daß der Entschluß sich ebenso ändert.

Derlei fürchteten Renault und der Kapitän bezüglich ihrer Gefährten, daß es diesen gelegentlich der unvorhergesehenen Einschiffung der venezianischen Flotte geschehe, von der sie eben erfahren hatten; diese Neuigkeit versetzte sie in empfindliche Sorge, so daß sie vorerst meinten, etwas in der Weise, in der sie die Ausführung ihres Unternehmens angeordnet hatten, verändern zu müssen. Zur Ausführung konnte nicht auf der Stelle geschritten werden, da die Nacht zu weit fortgeschritten war; bevor man die kleine Flotte benachrichtigen hätte können, um sie bis auf Kanonenschußweite an Venedig heranzuführen, wo sie für den Einsatz hätte sein müssen, und bevor man die Truppen, die sich im Lazarett befanden, hätte holen können, wäre es Tag gewesen. Was den folgenden Tag anging, so träfe Haillot unfehlbar auf die Leute, die sich den ganzen Tag von Venedig aus auf die Flotte begäben, da die Venezianer in See stechen mußten. Die Fahrt, die die Flotte unternehmen mußte, war so günstig, wie es die Verschwörer nur wünschen konnten: sie würde Haillot den Rücken kehren; in Anbetracht aller Dinge meinte man jenem Zeit zu geben, sich zu entfernen. Eine Schwierigkeit war zu lösen, wenn der Kapitän, Langlade, die drei Feuerwerker und die anderen Verschwörer, die der Flotte dienstpflichtig waren, dem Befehl des Senats entsprächen: sie wurden, vor allem aber der Kapitän, in Venedig für die Ausführung unbedingt benötigt. Indes konnte sich gerade er am wenigsten von allen von der Abfahrt beurlauben: das bedeutende Kommando, das er in der Flotte innehatte, hätte ihn mehr als alle anderen zusammen auffällig gemacht.

Da die meisten auf seinen Schiffen Dienst taten, konnte er sie fast allein durch seine Autorität ersetzen, ja selbst verhindern, daß man ihre Abwesenheit bemerkte, wenn er nur anwesend war. Diese Gründe ließen sie beschließen, daß er allein mit Langlade, der ebenso wie die drei Feuerwerker auf der Flotte im Dienst unmittelbar dem Generalkapitän unterstand, in See steche; was aber diese Feuerwerker anging, so wollte man lieber alles aufs Spiel setzen, als auch sie ziehen lassen. Sobald der Generalkapitän ihn erblickte, fragte er den Kapitän nach ihnen, worauf der Kapitän versetzte, er vermute sie, ebenso wie einige Offiziere seiner Schiffe, die er nicht finden könne, in Venedig bei den Kurtisanen und daß ihm die Hast, in der er hätte erscheinen müssen, nicht die Zeit sie aufzuspüren gelassen hätte. Der Generalkapitän hatte vom Senat so dringende Order zum Abmarsch, auch war er so beschäftigt, daß er sie weder ein paar Tage lang suchen lassen, noch ihre Auffindung abwarten konnte.

Vor der Einschiffung hatte der Kapitän Jaffier zur Seite genommen und ihn gebeten, in der Nacht der Ausführung sich nächst Renault zu halten. Er stellte ihm übertrieben das Vertrauen vor, das man in seine Aufführung und seinen Mut setze; daß er, der Kapitän, sich ohne diese Sicherheit niemals entscheiden würde, wegzugehen; da aber Jaffier bliebe, lasse er den Gefährten sein zweites Ich zurück. Der Kapitän beobachtete ihn aufmerksam während dieser Rede; aber dieser Mann, berührt durch das Zeugnis der Wertschätzung, die man für ihn hegte, antwortete darauf mit solchen Zeichen des Eifers, der Treue und der Dankbarkeit, die den argwöhnischsten aller Männer beruhigt hätten.

Dies war die letzte Wallung seiner sterbenden Entschlossenheit. Sie verschwand mit dem Antlitz seines Freundes; nachdem er die Augen des einzigen Mannes, dessen Wertschätzung ihn zurückhalten konnte, nicht mehr vor sich hatte, gab er sich gänzlich seiner Unentschlossenheit hin.

Die Beschreibung, die Renault am Ende seiner Ansprache von der Nacht der Ausführung gegeben hatte, traf ihn bis zu einem Punkt, an dem er sein Mitgefühl nicht mehr zügeln konnte. Seine Einbildung übersteigerte dieses Gemälde: sie stellte ihm auf das Genaueste und in den lebhaftesten Farben alle Grausamkeiten und bei diesen Anlässen unvermeidlichen Ungerechtigkeiten vor. Von diesem Augenblick an hörte er von allen Seiten nur mehr die Schreie mit Füßen getretener Kinder, das Ächzen von Greisen, die man erwürgt, das Heulen entehrter Weiber; er sah nur mehr stürzende Paläste, Tempel in Flammen und blutbesudelte heilige Orte. Venedig, das traurige, beweinenswerte Venedig, stellte sich überall vor seine Augen, nicht mehr das einstmals über die ottomanische Fortune und den spanischen Stolz triumphierende, sondern in Asche oder in Eisen und tiefer in das Blut seiner Bewohner getaucht, als in die Wasser, die es umgeben.

Dieses düstere Bild ergreift von ihm Tag und Nacht Besitz, es bewegt ihn, es bedrückt ihn, es erschüttert ihn. Vergeblich seine Anstrengung, es zu verjagen: beharrlicher als alle Furien der Fabel erfaßte es ihn bei Tische, es stört seinen Schlaf, es tritt ein in seine Träume. Aber all seine Freunde verraten! Und welche Freunde! Unerschütterliche, kluge, einzigartig im Verdienst des Talents, wo jeder von ihnen hervorsticht; es ist das Werk mehrerer Jahrhunderte ein zweites Mal eine so große Zahl außergewöhnlicher Männer zusammenzuführen. An jenem Punkte, an dem sie sich der fernsten Nachwelt denkwürdig machen werden, soll man ihnen die erntereifen Frucht des größten Entschlusses rauben, der jemals im Geist eines Einzelnen gefaßt wurde? Und wie werden sie zugrunde gehen? Durch ausgesuchtere und einzigartigere Martern, als alle Tyrannen vergangener Jahrhunderte sie ersonnen haben. Wer weiß nicht, daß es in Venedig Arten des Kerkers gibt, geeigneter die Festigkeit eines Mannes von Mut wanken zu machen, als die scheußlichsten Foltern anderer Länder? Diese letzteren Überlegungen, die Jaffier in seiner Schwäche anfochten, bestärkten ihn in seinen früheren Gefühlen: das Mitleid, das er für seine Gefährten empfand, hielt in seiner Seele jenem die Waage, das die Trostlosigkeit Venedigs in ihm erregte; er fuhr fort in dieser Unentschlossenheit bis zum Himmelfahrtstag, auf den man die Ausführung verschoben hatte.

Am Morgen empfing man Neuigkeiten vom Kapitän. Er teilte mit, daß er von der Flotte aus antworte; daß er in die Umgebung von Marano segle, daß man zur gleichen Zeit, zu der man die Truppen von Lievestein im Lazarett holen ließe, ihm durch eine Barke davon Nachricht geben möge, und daß er diese Nachricht erwarte, um seinerseits zu handeln zu beginnen. Man sandte an Haillot die Lotsen, die man ihm versprochen hatte. Man führte in den Turm der Procuratíe von St. Markus gedungene Männer ein, die einige Vertrautheit mit jenen hatten, die dort Wache hielten, und die sie durch Drogen und für diesen Zweck geeignete Essenzen einschläferten, welche sie in die Speisen und Getränke gemengt hatten; gelegentlich der öffentlichen Ausgelassenheit des Tages ließen sie in Überfluß davon essen und trinken. Ausgewählten Offizieren gab man Befehl, sich der Häuser der Senatoren, die am meisten zu fürchten waren, zu bemächtigen und sie zu töten. Jedem bezeichnete man das Haus, das er übernehmen sollte; gleichermaßen den wichtigsten Verschwörern und anderen Offizieren die Posten, die sie einzunehmen hatten, die Männer, die zu ihnen gehörten, von wo sie zu nehmen seien, die Losungsworte und die Wege, auf denen sie zu führen seien. Man ließ den Truppen vom Lazarett, den Spaniern der kleinen Flotte und den 1000 Holländern, die bereits in Venedig waren, wissen, wie sie vom Markusplatz abzumarschieren hätten, wohin sie sich begeben sollten, die Plätze die sie besetzen sollten, die ihnen bestimmten Anführer und die Losungsworte. Durch unverdächtige Leute ließ man die Fuste des Rates der Zehn besehen und fand die Artillerie in brauchbarem Zustand.

Jaffier hatte Lust, die Zeremonie, in der der Doge sich dem Meer vermählt, zu sehen, da es das letzte Mal wäre, da sie abgehalten würde. Sein Mitgefühl verdoppelte sich angesichts der öffentlichen Lustbarkeit: die Ruhe der unglücklichen Venezianer ließ ihn noch lebhafter ihre baldige Trostlosigkeit fühlen; er kehrte unentschlossener denn je zurück:

doch zuletzt wollte der Himmel das Werk von zwölf Jahrhunderten und so vieler kluger Köpfe nicht der Wut einer Kurtisane und einer Truppe verlorener Männer überlassen.

Der gute Genius der Republik gab Jaffier einen Ausweg ein, durch den er glaubte, sowohl Venedig als auch seine Gefährten retten zu können. Es fand sich Bartolomeo Comino, Sekretär des Rats der Zehn, und diesem sagte er, er habe eine höchst dringende Sache, die das Heil des Staates betreffe, zu entdecken; vorher jedoch wolle er, daß ihm der Doge und der Rat eine Gnade versprächen und daß sie sich durch die heiligsten Eide vepflichteten, im Senat das bestätigen zu lassen, was sie ihm versprochen hatten; diese Gnade wäre das Leben von 22 Personen, welches Verbrechen auch immer sie begangen hätten: man solle jedoch nicht glauben, ihm durch die Folter sein Geheimnis entreißen zu können, ohne ihm diese Gunst zuzubilligen, nichts wäre so schrecklich um seinem Mund ein einziges Wort zu entreißen. Die Zehn waren augenblicklich versammelt, sie begaben sich auf der Stelle zum Dogen, um von ihm das Wort, das Jaffier verlangte, einzuholen. Er zögerte nicht mehr als jene, es zu versprechen; Jaffier, vollends zufrieden mit dem was er tat, enthüllte ihnen die gesamte Verschwörung.

Die Sache dünkte ihnen so schrecklich und so wunderbar, daß sie sie nicht glauben konnten. Da es jedenfalls ein leichtes war, einige Einzelheiten nachzuprüfen, sandte man Comino zum Turm der Procuratíe. Er berichtete, daß er die gesamte Wachmannschaft bezecht oder schlafend vorgefunden habe; daraufhin sandte man ihn zum Arsenal. Lange Zeit konnte er die gedungenen Offiziere nicht finden; zuletzt zeigte ihm ein Knecht, eingeschüchtert durch seine Drohungen, eine kleine Pforte, die er aufbrechen ließ, nachdem er einige Male vergeblich gepocht hatte. Er fand sie zusammen mit den drei Feuerwerkern, die letzte Hand an die für die Ausführung bestimmten Brandsätze legten. Er frug sie, was sie an einem so hohen Feste zu arbeiten verband, und warum sie auf sein Pochen nicht geöffnet hätten. Sie antworteten mit großer Unbefangenheit, daß die Feuerwerker am nächsten Tag anzureisen hätten, um sich der Flotte anzuschließen; der General habe ihnen anbefohlen, eine große Zahl von zum Abfeuern bereiten Raketen mitzuführen. Da sie diese nicht in dem verlangten Zustand vorgefunden hätten, hätten sie die anderen gebeten, ihnen bei der Arbeit zu helfen; da die Sache Folgen haben hätte können, hätten sie geglaubt, sich der Einhaltung des Festes entziehen zu können und um dies ohne Aufsehen zu tun, hätten sie sich, wie es sich gefunden habe, mit Absicht an den abgelegendsten Ort des Arsenals zurückgezogen. Obwohl Comino dieser Antnwort nichts entgegensetzen konnte, nahm er sie gefangen. Die Zehn, mehr und mehr in Schrecken versetzt, sandten daraufhin nach der Griechin; indes, man fand dort niemanden. Die gedungenen Männer, die die Wachmannschaft des Turms eingeschläfert hatten, hatten sich, als sie Comino sahen, ebenfalls schlafend gestellt. Kaum war er weggegangen, eilten sie zur Griechin, wo sie so eindringlich Alarm schlugen, daß sich Nolot, Robert, Revellido, Retrosi, Villa-Mezzana, Durand, Ternon und Robert Brulard, der sich durch Zufall bei ihnen befand, ohne einen Augenblick zu verlieren, alle zusammen in eine jener Barken warfen, die man an der Rialtobrücke für die Einholung der Truppen vom Lazarett bereitgestellt hatte, und glücklich aus Venedig entkamen.

Der Schmerz, den man über ihre Flucht empfand, ließ die Entscheidung fallen, die Häuser der Botschafter von Frankreich und von Spanien ohne weiteren Verzug aufzusuchen. In höflicher Weise begehrte man in einer Angelegenheit, die das Heil der Republik beträfe, Einlaß. Der Franzose bewilligte dies sofort; Renault wurde ergriffen und mit Laurent Brulard und de Bribe fortgeführt. Der Spanier hingegen lehnte mit Schärfe ab: er schützte alle Privilegien seines Amtes vor und verwahrte sich, als er sah, daß man sich mit Gewalt Eintritt verschaffte, gegen die ihm angetane Gewalttätigkeit. Man fand daselbst Waffen für mehr als 500 Mann, 60 Brandsätze, eine unglaubliche Menge Pulvers, Feuerwerkskörper und ähnliche Dinge. Man fertigte davon ein genaues Inventar an, woran der Botschafter spottend teilnahm.

Während man dieses Inventar zum Rat der Zehn brachte, langte dort ein Edelmann aus dem Hause de Valiera zusammen mit Brainville und Theodor, zwei der Hauptverschwörer, ein. Sie hatten eben erfahren, daß alles entdeckt sei und da sie an ihrer Rettung verzweifelten und sie wußten, daß seit der Flucht der Griechin alle Tore geschlossen waren, spielten sie die Rolle, die Verschwörung aufdecken zu wollen; sie suchten den Edelmann, den sie in Flandern kennengelent hatten, auf, um sie vor den

Rat der Zehn zu führen, wo sie festgenommen wurden. Indessen durcheilte man alles, was es an Schenken, Herbergen, Mietkammern, verrufenen Orten und anderem gab, wo sich Fremde verstecken konnten; man nahm alles fest, was man an holländischen, französischen, spanischen, wallonischen, neapolitanischen oder mailändischen Offizieren fand, alles in allem an die Vierhundert.

Mittlerweile erschienen zwei aus Orange in der Dauphiné in Stiefeln, so wie sie sich, nachdem sie ihren Posten verlassen hatten, in die Barke, die sie hergeführt hatte, geworfen hatten. Sie erklärten dem Rat, daß – nachdem ihnen Freunde unter den Franzosen von Venedig aus geschrieben hatten, sie müßten nur kommen, wenn sie sich bereichern wollten, weil daselbst eine Verschwörung unmittelbar vor der Durchführung stünde, um sich dieser Stadt zu bemächtigen und sie der Plünderung zu überlassen – sie in großer Eile gekommen wären, um diese Bosheit aufzudecken anstatt sich an ihr zu beteiligen. Sie wurden begnadigt, anständig untergebracht, sich auszuruhen und abzuwarten gebeten, bis daß der Senat über die Belohnung, die er ihnen schulde, beraten habe.

Inzwischen wurde es Tag; der Senat versammelte sich und der Marqués von Bedmar verlangte Gehör. Einzig aus Neugierde wurde es ihm zugebilligt. Das Gerücht von der Verschwörung verbreitete sich jetzt in der Stadt und zeitigte eine erschreckende Verwirrung. Das Volk, das von ungefähr gehört hatte, daß die Spanier die Urheber seien, sammelte sich vor dem Palais des Botschafters, um dort einzudringen; als jene erschienen, die den Botschafter zur

Audienz führen sollten, traf man eben Anstalten, Brand zu legen. Jene ließen ihren Auftrag hören. Das Volk, in der Hoffnung, der Senat werde ihn exemplarisch bestrafen, ließ ihn allein ziehen und begleitete ihn mit allen Verfluchungen und nur vorstellbaren Verwünschungen.

Nachdem der Botschafter im Senat eingezogen war, begann er mit wüsten Beschwerden über die Gewalttätigkeit, die man in seinem Hause gegen jedes Völkerrecht gezeigt hätte; er begleitete seine Beschwerden mit so stolzen und grausamen Drohungen der Rache, daß die Mehrzahl der Senatoren darob erschraken und befürchteten, daß dieser Mann noch über weitere ihnen unbekannte Quellen verfüge, um sein Werk zu vollenden. Der Doge antwortete ihm, daß man sich für diese Ausschreitungen entschuldigen werde, sobald er für die Kriegsmittel, die man bei ihm, der als Botschafter ein Minister des Friedens sein solle, gefunden habe, eine Erklärung gegeben habe. Jener versetzte, daß er erstaunt sei, daß Leute, die für klug galten, so ungeschickt seien, ihn unter einem so groben Vorwand von Angesicht zu Angesicht so beleidigen; sie wüßten so gut wie er, daß all diese Vorräte sich nur zur Aufbewahrung in seinem Haus befänden, wie auch schon früher, als er derlei nach Neapel und Tirol zu schicken hatte; was die Waffen angehe, wisse alle Welt, daß es nirgends so gute gebe wie jene, die in den Städten der Republik hergestellt würden; was Brandsätze und Feuerwerke und ähnliche Dinge betreffe, so habe er, als sich einige Arbeiter von außergewöhnlicher Geschicklichkeit ihm angeboten hätten, jene aus Neugier bei sich arbeiten lassen.

Der Doge unterbrach ihn, indem er ihm sagte, daß diese Arbeiter Unglückliche oder eher noch Ungeheuer wären, geboren zur ewigen Schande des Menschengeschlechtes; indem er diese Worte sprach, legte er dem Botschafter ein Empfehlungsschreiben für den Gouverneur von Mailand vor, das man unter den Papieren Renaults mit anderen Briefen des Herzogs von Osuna gefunden hatte.

Der Botschafter antwortete, daß er hinsichtlich des Herzogs von Osuna bereits früh erklärt habe, daß er hinsichtlich dessen Aufführung nicht im Einverständnis sei; was das Empfehlungsschreiben angehe, so habe ihm in der Tat der französische Botschafter vor einiger Zeit einen Edelmann empfohlen, der zum Behufe gewisser persönlicher Geschäfte der Einführung in Mailand bedurfte und dem er den Brief, den man ihm nun vorlege, gegeben habe; er habe aber nicht gewußt, daß die Republik auch nur irgend ein Interesse an dieser Angelegenheit habe. Nachdem der Doge sah, daß dem Botschafter niemals die Antworten ausgingen, begnügte er sich, ihm mit viel Würde die Schwärze seines Unternehmens vorzustellen; er endete, indem er ihm darstellte, daß ihnen der Gedanke, daß der König, sein Herr, daran teilhabe, weit entfernt liege. Der Botschafter antwortete auf diese Vorstellung mit jenem Ungestüm eines Mannes, dessen Ehre ungerechterweise angegriffen wird, daß er einer Nation entstamme, deren Wert und Klugheit so natürlich seien, daß sie es nicht nötig habe, sich schlechten Blendwerks zu bedienen, um ihre Feinde zu verderben; der König, sein Herr, sei mächtig genug, sie in offener Gewalt und ohne

Verrätereien zu zerstören; man könne das bald erproben. Nach diesen Worten trat er jählings ohne jede Zeremonie ab. Seine Begleitung beschwor ihn, sich einige Zeit in einer benachbarten Kammer auszuruhen, bis der Senat die nötigen Befehle gegeben habe, um ihn zu retten; bebend vor Wut und ohne Antwort ließ er sich führen.

Während sich der Pöbel auf dem Platz zusammengerottet hatte, um ihn in Stücke zu reißen, sobald ihn der Senat ausliefern würde, war es jenen, die man zu ihm nach Hause gesandt hatte, ein leichtes, seine Domestiken und die kostbarsten seiner Möbel einzuschiffen. Daraufhin holte man ihn und führte ihn über geheime Gänge des Palastes mit einer guten Eskorte auf eine wohlbewaffnete Brigantine. Das Volk, wutentbrannt über seine Flucht, ließ Statuen von ihm und dem Herzog von Osuna anfertigen, an denen es das verübte, was es an ihnen persönlich getan hätte, wären sie nur in seiner Gewalt gewesen.

Zur gleichen Zeit sandte man dem Generalkapitän eine Depesche mit dem Befehl, unverzüglich Langlade, den Kapitän Jacques Pierre und alle verschworenen Offiziere, die der Kapitän auf seinen Schiffen hatte, zu ertränken. Da man annahm, daß sie auf der Hut seien, wählte man das Schiff fremdländischster Bauweise, das man in Venedig fand, um diesen Befehl zu überbringen. Man rüstete es auf die geeignetste Weise, um glauben zu machen, daß es nicht aus Venedig komme und es machte einen großen Umweg, um von einer anderen Seite, als der Venedigs zu kommen. Man erfuhr nachher, daß der Kapitän die ganze Nacht gewartet hatte und daß er sich, als er das Schiff ankommen sah, alsbald auf das Hauptschiff zurückgezogen habe, als ob er sich für den Fall, daß er verraten sei, in Verteidigungszustand setzen wollte. Es scheint aber, daß ihn die Furcht, alles durch Schreckhaftigkeit zu verderben, einige Zeit abhielt, zu überlegen, ob er sich erklären solle; denn nachdem ihm der General, der keinen Augenblick verlor, zwei ausgewählte, unverdächtige Männer an Bord geschickt hatte, traten diese Männer ohne auffällige Waffen dort ein, wo er sich aufhielt; sie fanden ihn allein, begegneten ihm mit gewohnter freimütiger Art, erdolchten ihn jählings und warfen ihn ins Meer, ohne daß es jemand bemerkt hätte. Mit Langlade und vierzig seiner Offiziere wurde daraufhin auf die gleiche Weise und in gleicher Geheimhaltung verfahren.

Mittlerweile antwortet Renault, den man in Venedig verhört, daß er nicht wisse, was man von ihm wolle. Man legt ihm das Empfehlungsschreiben für Don Pedro, einen Paß in spanischer Sprache für alle Länder unter der Botmäßigkeit Spaniens, Wechsel über große Summen und 1000 Pistolen in Gold vor. Er antwortet, weder den spanischen Botschafter noch den Gouverneur von Mailand zu kennen; wenn sich etwas unter seinen Papieren befände, was jene betreffe, müsse es jemand anderer dorthin gegeben haben; was die Wechsel und die Pistolen anginge, so sei dies sein gesamtes Vermögen. Man unterzieht ihn der gewöhnlichen und der außergewöhnlichen Folter. Er sagt nichts Neues, außer daß er ein armer Greis, ein rechtschaffener Mann, ein Mann von Ehre und Qualität sei, den

Gott rächen werde. Man foltert ihn an mehreren aufeinanderfolgenden Tagen und verspricht ihm selbst Straflosigkeit, wenn er alles sage, was er weiß; aber vergeblich: nachdem er auf alle Arten wiederholte Male der peinlichen Frage unterzogen wurde, ward er zuletzt im Gefängnis erwürgt und als Verräter öffentlich an einem Fuß gehängt. Der Leutnant des Grafen von Nassau, die drei Feuerwerker, Bribe, Laurent Brulard und die zwei Offiziere aus dem Arsenal wurden auf die gleiche Weise, nachdem sie die Folter mit gleicher Standhaftigkeit ertragen hatten wie er, gehängt; nur Brainville, Theodor und mehr als 300 Offiziere wurden nur erdrosselt oder im Geheimen ertränkt. Indessen beklagte Jaffier, trostlos über den üblen Ausgang seines Mitgefühls, daß der Doge und der Rat der Zehn ihr zugunsten seiner Gefährten gegebenes Wort nicht hielten. Es war erst nach reiflichen Beratungen gebrochen worden. Einige wollten es auf das Genaueste eingehalten wissen. Andere wiesen darauf hin, daß die Sache bedenklich wäre, hätte man nur von Jaffier von der Verschwörung erfahren; daß aber die zwei Männer aus der Dauphiné, die sie ebenfalls entdeckt hätten, den Senat in das volle Recht setzten, davon in einer Weise Gebrauch zu machen, als hätte Jaffier nichts enthüllt. Diese Meinung obsiegte, unterstützt durch den Schrecken und die Angst der Öffentlichkeit, obwohl es verschiedene Dinge dagegen zu sagen gegeben hätte.

Man bemühte sich, Jaffier mit allen Mitteln zu besänftigen. Man bot ihm Geld und Dienst. Er wies alles zurück, verstockte sich vergeblich, das Leben seiner Gefährten zu begehren, und verließ endlich Venedig, untröstlich über ihre Hinrichtung. Nachdem der Senat das erfahren hatte, sandte er ihm den Befehl, die Staaten der Republik bei Strafe des Lebens binnen dreier Tage zu verlassen, sowie 4000 Goldstücke, die anzunehmen man ihn zwang. Das Erbarmen, das er für seine Gefährten empfand, verdoppelte sich, so oft er bedachte, daß er die Ursache ihres Todes war. Auf der Reise erfuhr er, daß ein Unternehmen in Bresse noch gelingen könnte. Das Verlangen, sich am Senat zu rächen, ließ ihn sich in diese Stadt werfen: kaum aber war er dort angelangt, hatten die Zehn aus den Papieren der Verschwörer von dieser Affäre erfahren, Truppen dorthin entsandt, welche die wichtigsten Stellen besetzten und einige Spanier, die sich dort aufhielten, über die Klinge springen lassen, Jaffier ward gefangen, nachdem er wie ein Mann gefochten hatte, der nichts sucht, als sein Leben teuer zu verkaufen; nachdem er wenige Tage später nach Venedig fortgeführt worden war, wurde er am Tag nach seiner Ankunft ertränkt.

Nachdem der Tod dieses Unglücklichen die Wiederherstellung der Ruhe in dieser großen Stadt vollendet hatte, war die erste Sorge des Senats, von Madrid einen anderen Botschafter zu begehren. Don Luis Bravo wurde alsbald für dieses Amt ernannt mit der Order, unverzüglich abzureisen; der Marqués von Bedmar gab ihm, der Übung folgend, eine Instruktion, die sich fast auf zwei Punkte beschränkte.

Der erste dieser Punkte war, daß der neue Botschafter bei jeder Gelegenheit deutlich die Aufführrung seines Vorgängers tadle und daß die seine bis in die gleichgültigsten Gegenstände gegenteilig sei. Der andere Punkt war, daß er in allen Geschäften, die er zu verhandeln habe und welche die Rechte und den Rang der Republik berührten, er sich in allen Memoranden des „Squittinio della Libertà Veneta“ bediene, auf das der Marqués von Bedmar an mehreren Stellen dieser Instruktion Bezug nimmt und zwar in Wendungen, die, obwohl verhalten, zur Genüge die väterliche Liebe enthüllten, die er für dieses Büchlein hegte.

Inzwischen wurde öffentlich, mündlich und schriftlich, ein Verbot in allen Staaten der Republik kundgetan, bei Strafe des Lebens, was immer mit der Verschwörung zusammenhinge, weder dem König von Spanien noch den Spaniern zur Last zu legen. Den beiden aus der Dauphiné, welche eigens aus ihrem Land gekommen waren, um die Verschwörung aufzudecken, gab man 30000 Dukaten. Nachdem Don Pedro gesehen hatte, daß alle Angelegenheiten ohne Hoffnung seien, schloß er die Entlassung seiner Truppen ab und gab Vercelli zurück. Der Herzog von Osuna setzte die Frau und die Kinder des Kapitäns in Freiheit und erwies ihnen große Wohltaten. Der Marqués von Bedmar erhielt aus Spanien den Befehl, in Flandern als Erster Minister zu dienen; einige Jahre später sandte man ihm aus Rom den Kardinalshut.

Nachbemerkung

Wenn der Abend kommt, kehre ich nach Hause zurück und gehe in mein Schreibzimmer. An der Schwelle werfe ich die Bauerntracht ab, voll Schmutz und Kot, ich lege prächtige Hofgewänder an und, angemessen gekleidet, begebe ich mich in die Säulenhallen der großen Alten. Freundlich von ihnen aufgenommen, nähre ich mich da mit der Speise, die allein die meinige ist, für die ich geboren ward. Da hält mich die Scham nicht zurück, mit ihnen zu sprechen, sie um den Grund ihrer Handlungen zu fragen, und herablassend antworten sie mir. Vier Stunden lang fühle ich keinen Kummer, vergesse alle Leiden, fürchte nicht die Armut, es schreckt mich nicht der Tod.

Machiavelli an Vettori, 10. XII. 1513

Als der Abbé de Saint-Réal am 13. September 1692 in Chambéry starb, konnte weder Racine, noch Boileau, noch Bayle die verlangte Eloge funèbre verfassen, da ihnen keine ausreichenden Nachrichten über das Leben des Verstorbenen zu Gebote standen. Sein Tod hatte den zurückgezogen lebenden Autor wieder in das literarische Interesse des Publikums gerückt, so daß sich Verleger und Herausgeber verbunden sahen, mit Fragmenten, Abschriften aus seinen Papieren, aber auch mit Werken anderer Autoren neue Werksausgaben zu füllen.

César Vichard de Saint-Réal entstammt einer alten savoyardischen Notablenfamilie. Er wurde am 9. April 1639 in Chambéry als Sohn eines Senators geboren, der ihm eine sorgfältige Erziehung angedeihen ließ. Sechzehnjährig kam er zur Fortsetzung seiner Studien zu den Jesuiten nach Paris, unter deren Einfluß er später das geistliche Kleid eines Abbé anlegte, um seiner Neigung entsprechend, zurückgezogen seinen Studien und Arbeiten leben zu können. Er war Abbé, ohne je ein geistliches Amt auszuüben oder über ein Benefizium zu verfügen. Mit dem gefeierten Varillas, der ihn an sich zog und über sein historisches Fundament hinaus zum Literaten bildete, zerwarf er sich, als dieser behauptete, Saint-Réal habe ihm Papiere entwendet. Saint-Réal war tief verletzt, enthielt sich aber, diesen Streit an die Öffentlichkeit zu tragen. Dieses Zerwürfnis bestimmte ihn, keine literarische Freundschaft einzugehen und den Pariser Salons mit ihrem lauten, karrierefördernden und -gefährdenden Getriebe fern zu bleiben. „Sa bibliothèque faisoit toutes ses delices“ – seine Bibliothek war seine ganze Freude, berichtet sein Herausgeber Ch. Malo. 1671 ließ er den „Discours sur l'Usage de l'histoire“ erscheinen, der Licht auf seine künftige Methode wirft, mit der Geschichte umzugehen: sie mit Bildern und Anekdoten anzureichern, sie lebendig zu machen und die Darstellung mit deutlicher Moral zu verbinden. La Harpe hat diese Manier gerühmt: seit den antiken Geschichtsschreibern wäre es erstmals Saint-Réal gelungen, in dramatischer und lebendiger Weise Geschichte zu schreiben. An einem fortan beliebten Stoff, dem Don Carlos, probte er seine Methode mit Erfolg. „La Nouvelle Histoire de Don Carlos“ (Amsterdam, Paris) wurde noch für Schiller zur anregenden Quelle. 1674 gelang Saint-Réal sein größter Erfolg: „La Conjuration des Espagnols contre la Republique de Venise, en 1618“. In der Meisterschaft historischer Portraits steht er an der Seite des Kardinals von Retz; den Höhepunkt dieser Kunst erreicht das Bild, das er von der zentralen Gestalt des Geschehens, dem Marqués de Bedmar zeichnet. Der Stoff, die Größe des Entwurfes, der an antiken Autoren geschulte Stil, der Wechsel von Reflexion und Schilderung der Begebnisse in knapper, aber Vollständigkeit anstrebender Weise, in indirekte Rede sparsam eingeschobene Monologe, bilden ein eigentümliches Werk aus einem Guß, das auch eine reiche Wirkungsgeschichte auslöst. Über 60 Auflagen erreicht das Buch im Laufe der Zeit. Manche Kritik sieht ihn sein Vorbild, Sallust und dessen Catilinische Verschwörung übertreffen.

Als ihn Karl Emanuel II. von Savoyen beauftragt, die Geschichte Karl Emanuels I. zu schreiben, kehrt Saint-Réal nach Savoyen zurück, um dort ein fleißiges und verborgenes Leben zu führen, das vorläufig unterbrochen wird, als ihn die Nichte des Kardinals Mazarin, Hortense Mancini, in ihren Kreis zieht, wo er die Rolle des gelehrten Freundes und Vorlesers spielt und ihr die französische und italienische Literatur erschließt. Er folgt ihr 1675 für kurze Zeit nach London, das er aber nach wenigen Monaten wieder allein verläßt. In Paris arbeitet er fortan an seiner „Vie de Jésus-Christ", die 1678 mit mäßigem Erfolg in den Buchhandel kommt. Das Buch ist Ludwig XIV. gewidmet. Saint-Réal ist Kind seiner Zeit genug, um die Widmung mit dem Satz „Sire, voici le seul modèle qu'il reste à vous proposer", beginnen zu lassen. Bald darauf kehrt er wieder in die Heimat zurück, wo er teils in Turin – wo er in die dortige Akademie aufgenommen wird – teils in Chambéry lebt. Der Turiner Hof entsendet den charaktervollen und diskreten Mann mit diplomatischen Aufgaben wieder nach Paris. Dort entstehen 1692 „Eclaircissement sur le discours de Zachée à Jésus-Christ“, 1684 „Césarion“, 1688 „Discours sur la Valeur“ – letzteres dem bayerischen Kurfürsten gewidmet, der sich bei der Belagerung Belgrads als Soldat bewährt – und schließlich 1691 die Abhandlung „De la Critique“. Dieser Aufsatz, der sich gegen Andry de Boisregard und dessen „Réflexions sur la langue française“ richtet, gilt als schwaches Werk, vor allem hinsichtlich seiner grammatischen Überlegungen. Die Position Saint-Réals gegenüber der literarischen Kritik stellt sich hier offen dar; sie zeigt den geradlinigen, verletzlichen und andrerseits heftigen und stolzen Charakter eines Mannes, der sich im literarischen Getriebe nicht als Figur sehen will. Saint-Réal zog es bereits seit seinem Zerwürfnis mit Varillas vor, mit seinen Freunden brieflich zu verkehren. In der Einleitung zur „Critique“ schreibt er: „Man sollte die Kritik als eine jener delikaten Arzneien betrachten, welche die Medizin aus den giftigsten Drogen zusammenmischt, deren Grundsubstanz wieder ein Gift ist.“ In der Gesellschaft findet man nach seinen Worten „nur leeres und tumultarisches Geschwätz“. Man hat Saint-Réal diese Empfindlichkeit angesichts literarischer Kritik als Enge des Geistes und Eitelkeit vorgeworfen: vor allem in einer Zeit, in der Literaturkritik und ihre Vergesellschaftung in den literarischen Salons seit der Hochaufklärung eine gleichwertige Säule des literarischen Geschäftes war.

Saint-Réals letzte Arbeiten werden wenig beachtet, so auch eine Übersetzung der ersten beiden Briefe Ciceros an Atticus (mit einem historisch-kritischen Apparat) in einer für diese Zeit außerordentlichen Texttreue. Wenig später endet dreiundfünfzigjährig der „pauvre Abbé de Saint-Réal" (Racine), „un ésprit plein de feu" (Courtin) sein Leben, einer Epoche seltsam entgegengesetzt, die der Roi Soleil durchstrahlt.

* * *

„Es war jener durch andere mindestens sehr zweideutige Erzählungen wohl bekannte Abbé von Saint-Réal, der die öffentliche Neugier zu befriedigen und sich an dieser Sache zu dem Rang des modernen Sallust zu erheben unternahm", schrieb Leopold von Ranke 1837 in seiner „Über die Verschwörung von Venedig". Dem strengen quellenkritischen Anspruch Rankes, der seiner Arbeit neben gedruckten Quellen umfangreiche archivalische Studien in Wien, Venedig und in anderen italienischen Bibliotheken zugrunde legte, konnte Saint-Réals Buch nicht genügen: Saint-Réal hatte aus einem handschriftlichen „Sommario della congiura contra la città di Venetia", in das die Akte über die Verhöre vor dem Rat der Zehn Eingang gefunden hatten, aus einem beigeschlossenen Brief Jacques Pierres und aus wenigen gedruckten Quellen geschöpft. Einem Ranke war das zu romanesk. Den zeitgenössischen Venezianern galt das Buch wohl nicht als Roman, denn die wörtliche Übersetzung, die unter dem Titel „Congiura de Spagnuoli contra la Républica di Venezia nell' anno MDCXIII" erschien, wurde in Venedig verboten und zirkulierte nur in weit verbreiteten Handschriften. Die Historiographie bis auf unsere Tage hat, was die Deutung der Fakten und Quellen angeht, zu keinem einhelligen Urteil gefunden; Italiener, Spanier und Franzosen weichen in der Deutung der Vorfälle voneinander ab.

Die historische Grundierung Saint-Réals bezieht sich auf mehrere Konstellationen: Das Zerwürfnis des heiligen Stuhls mit Venedig, in dessen Verlauf Papst Paul V. Venedig mit dem Interdikt belegte, war 1607 mit dem Frieden von Pavia beendet worden. Beraten von dem gelehrten Serviten-Pater Paolo Sarpi, hatte der venezianische Senat dem Klerus befohlen, das Interdikt nicht zu beachten und in der Folge die Jesuiten, die sich diesem Gebot widersetzten, aus den Staaten der Republik vertrieben. Venedig fand in diesem Streit in Frankreich einen Vermittler, der die Republik gegen die dominante Stellung Spaniens in Italiens unterstützte. Andererseits half Venedig Savoyen, das 1613 nach dem Tode des Herzogs vom Mantua seine Ansprüche auf Montferrat erneuert hatte, in der Auseinandersetzung mit Spanien. Der spanische König Philipp III. und sein Favorit Lerma suchten den Frieden und wollten im Streite zwischen Venedig und Erzherzog Ferdinand schlichten. Die Uskoken, eine aus slawischen und albanischen Flüchtlingen gebildete Grenzermiliz, beunruhigten durch ihre Raubzüge – gedeckt vom Wohlwollen des Erzherzogs, der sie in Südslawien zur Sicherung der türkischen Grenze angesiedelt hatte – die venezianisch-dalmatinische Küste in einer

Weise, die eine kriegerische Auseinandersetzung zwischen Venedig und dem Erzherzog unausweichlich machte. Die spanischen Machthaber in Italien – der Gouverneur von Mailand, Pedro de Toledo und der neapolitanische Vize-König Osuna – betrieben eine gegenüber dem königlichen Ministeriums in Madrid höchst eigenwillige Politik; Osuna trieb anti-venezianische Piraterie auf dem Mittelmeer, zum anderen unterstützten beide die Uskoken und den Erzherzog. Osuna, der in Saint-Réals Erzählungen eine bestimmende Rolle spielt, hatte die Friedensinitiativen Madrids, die schließlich 1617 zu einem Friedensvertrag zwischen Venedig, dem Erzherzog, Savoyen und Spanien führten, nie gebilligt und sie als Demütigung Spaniens durch Venedig begriffen. Nach dem Berichte Spinellis, des venezianischen Residenten in Neapel, hätte Osuna öffentlich geschworen, sich an Venedig zu rächen und erklärt, das „Blut des venezianischen Adels trinken" zu wollen.

Alfonso de Cueva, Marqués de Bedmar, die Hauptfigur in Saint-Réals Bericht, hielt engen Umgang mit dem mailändischen Gouverneur und dem Vize-König von Neapel, aber auch mit dem französischen Botschafter Brulart de Léon. Wie weit er im geplanten Einverständnis mit Osuna und anderen stand, vermögen wir heute nicht zu sagen. Jacques Pierre, der berühmte Pirat, war tatsächlich aus dem Dienste Osunas ausgeschieden und von Venedig engagiert worden. Jacques Pierre warb 1617 den Feuerwerker Langraud und andere (bei Saint-Réal: Langlade) und verpflichtete auch die Brüder Charles und Jean des Bouleaux (Saint-Réal: Boleau),

Renault und einen gewissen Montcassin. Der Korsar, inzwischen ein intimer Kenner der venezianischen Verhältnisse, der Osuna und sicher auch den Marqués de Bedmar kannte, war überzeugt, in einem kühnen Handstreich Venedig einnehmen zu können. Der Kontakt der Gruppe zu unzufriedenen französischen und niederländischen Söldnern war bald hergestellt und Jacques Pierre dürfte dem rachsüchtigen und unternehmenden Osuna Vorschläge für einen Angriff auf Venedig unterbreitet haben, wobei es hier der Initiative Jacques Pierres nicht bedurfte, da Osuna selbst nachweislich zumindest Vorbereitungen traf, um für einen solchen Angriff gerüstet zu sein.

Die Affaire von Crema ist evident, wenn auch ihr Zusammenhang mit dem Anschlag Jacques Pierres bzw. mit den Plänen Osunas nicht nachzuweisen ist. In Crema lag auch Balthasar Juven, ein Neffe des französischen Marschalls Lesdiguières, mit seiner Kompanie, der über Montcassin mit Jacques Pierre in Beziehung trat und im April 1618 nach Venedig kam. Gesichert ist, daß der Gouverneur von Mailand mit den Malkontenten in Crema Kontakt hatte, was wiederum kein ausreichender Hinweis auf eine Gesamtverschwörung ist, da solche nachrichtliche Beziehungen zum politischen Geschäft des Gouverneurs gehörten. Montcassin war einer der Entdecker des Jacques Pierre'schen Vorhabens und kam mit seiner Anzeige Balthasar Juven zuvor – Juven ist vielleicht das Vorbild für den Jaffier Saint-Réals.

Die Angaben und ein anonymer Brief bewogen den Rat der Zehn am 12. Mai 1618 den Beschluß zu fassen, die Brüder Bouleaux sowie Renault lebend oder tot ergreifen zu lassen und Jacques Pierre, Langraud und Rosetti – der bei Saint-Réal den Namen Retrosi trägt –, die sich auf der Flotte befanden, zum Tode zu verurteilen und dieses Urteil durch den Generalkapitän vollstrecken zu lassen. Die Brüder Renault und Bouleaux wurden in der Folge verhaftet und gefoltert. Auf der Tortur sprachen sie über ihr Einverständis mit Bedmar und Osuna. Sie wurden erdrosselt und gehängt, die Todesurteile über Jacques Pierre, Langraud und Rosetti wurden ebenfalls unverzüglich vollstreckt. In Crema wurde ein Freund Jacques Pierres, Jean Bérard, und seine Gefährten, unter denen sich Balthasar Juven befand, verhaftet. Juven wird freigelassen, Bérard bekennt seine Beziehung zu Toledo und wird hingerichtet. Über die Zahl der in der Folge von der venezianischen Gerichtsbarkeit ertränkten fremden Söldner vermögen wir heute nichts zu sagen; es steht fest, daß eine große Zahl von Kriegsknechten Venedig fluchtartig verließ. Die Schnelligkeit der venezianischen Justiz läßt darauf schließen, daß die Republik die aufgedeckten Vorgänge als tiefe Bedrohung empfand, zum anderen ließ sie die Hauptakteure verstummen und damit den Zugang zu den realen Vorgängen verdunkeln. Der Marqués von Bedmar verließ tatsächlich in der Folge – wie von Saint-Réal berichtet – Venedig. Sein Einverständnis hatte er stets geleugnet.

Durch die der venezianischen Justiz eigentümliche Geheimhaltung, durch die Hinrichtungen und die vielfältigen Gerüchte breitete sich in Venedig jedenfalls tiefe Unruhe aus. Osuna und sein Sekretär, der damals Hals über Kopf aus Venedig flüchtete – der berühmte Schriftsteller Francisco de Quevedo –, wurden in Vendig *in effegie* verbrannt. Osuna, der unberechenbare Rachsüchtige, endete Jahre später in einem spanischen Gefängnis, nachdem er bereits 1619 sein Verhältnis zu Venedig wieder verbessern wollte, um seine unabhängige Position gegenüber der Madrider Regierung zu festigen: er plante aus dem spanischen Neapel ein eigenes Königreich zu schaffen.

Die gegen Saint-Réal gerichtete Kritik bezieht sich auf die Verknüpfung der Vorfälle von Crema und Venedig und insbesondere auf die gesamthafte Verknüpfung der spanischen Machthaber in Mailand und Neapel, des spanischen Botschafters sowie Jacques Pierre. Ungenauigkeiten Saint-Réals, was einzelne Namen angeht, Ausschmückungen, wie die Hausdurchsuchung beim spanischen Botschafter, die nie stattgefunden hat, bewegen uns hier wenig. Die einzelnen Vorgänge sind von Saint-Réal in großen Zügen wahrheitsgetreu nachgezeichnet. Ihre Verknüpfung zu einer Verschwörung ist in der Tat nicht beweisbar. Es ist unwahrscheinlich, daß Jacques Pierre der Agent Osunas war und daß er im Einverständnis mit Osuna, Bedmar und Toledo gehandelt hat. Wir können indes nicht ausschließen, daß die spanischen Amtsträgern einander über ihre jeweiligen Pläne unterrichteten und daß sie von Jacques Pierre in unterschiedlichem Detailgrad zumindest über die Möglichkeiten eines Handstreichs gegen Venedig unterrichtet wurden; aus den Akten ist laut Ranke weder eine aktive Teilnahme Osunas noch Bedmars abzuleiten.

„Von dieser Verschwörung läßt sich sagen, daß sie zugleich wahr und nicht wahr sey. Gehört es zu einer Verschwörung, daß man sich durch ausdrückliches Verbündnis zu einem bestimmten Endzweck, für eine auf Tag und Stunde festgesetzte Zeit, in einer genau angegebenen Weise vereinigt habe, so ist dies keine zu nennen." Er bezweifelt zu Recht, daß sich die Spanische Krone oder auch nur deren Machthaber in Italien für ein politisch so folgenschweres Vorhaben auf eine Handvoll Abenteurer verlassen hätten.

Wir können es dabei bewenden lassen, daß im Falle der venezianischen Vorfälle von 1618 die neuere Forschung die Verschwörungsfrage verneint, daß andrerseits zum Beispiel der Vorwurf, Saint-Réal habe nur aus Gründen der Dramaturgie eine Frau – die Kurtisane – auftreten lassen, von den Quellen entkräftet wird. „Die Wahrheit bleibt ungreifbar", schreibt Andrée Mansau, die neueste Biographin Saint-Réals, und vielleicht kommt er ihr, so fügen wir hinzu, jenseits der Quellen am nächsten.

* * *

Schon Voltaire schätzte unseren Autor als Schriftsteller höher denn als Historiker. Seine Wirkung auf die literarische Nachwelt wird noch heute immer deutlicher: Nodier und Balzac haben ihm zu danken und der Einfluß auf Stendhal ist zunehmend Gegenstand gelehrter Untersuchungen. Die Wirkung durch seine Darstellung der Stoffe setzt noch in seinem Jahrhundert ein. Durch die Tragödie des Engländers Thomas Otway (geb. 1652) „Venice preserv'd" wurde das Thema in der Disposition Saint-Réals bis in unsere Tage getragen. Grillparzer bearbeitet sie 1819 und Hofmannsthal gestaltet 1905 ein mäßiges Stück mit dem Titel „Das gerettete Venedig". Die letzte Version stammt von Simone Weil: in „Venise sauvée" steht der Heros Jaffier einsam zwischen den Verschwörern und der Stadt, die vom Schicksal gerettet wird.

Der Verlag der letzten französischen Ausgabe nannte das Buch Saint-Réals eine „Gebrauchsanweisung für Verschwörungen". In der Tat hat Saint-Réal, den die reine Staatengeschichte in geringerem Maße anzog, die Macht des Einzelnen durch Charakter, Gedanke und Kalkül im Zusammentreffen mit anderen Einzelnen fasziniert. Einen einsamen Mann der Geschichte und des Gedankens, der noch dazu stolz und empfindsam war, kann es gebannt haben, wie große Gestaltungen und großes Scheitern nicht allein aus Willensbildungen organisierter und staatlich verfaßter Kräfte, sondern aus unterirdischem Zusammenwirken einzelner Geister und Willen entstehen können, wenn sie das Geschick zueinander führt. „C'est l'ouvrage de plusieurs siècles de joindre ensemble une seconde fois un aussi grand nombre d'hommes extraordinaires" klagt Jaffier am Vorabend seines Verrats.

Die Strahlung des Buches liegt in den Qualitäten des Autors als Historiker, Dichter und Moralist. Der Stil ist geprägt durch den Wechsel zwischen komprimierter, auf Vollständigkeit bedachter Darstellung der kunstreich ineinander verschränkten Sachverhalte und Kraft- und Handlungslinien in langen, disponierenden Sätzen in indirekter Rede und seltenen Monologen in direkter Rede – wie jenem großen des Kapitäns am Vorabend der Ausführung – sowie den inneren Darstellungen der Handelnden in geballten Bild- und Motivabläufen. Der Stil Saint-Réals, der nicht nur Bewunderer gefunden hat, wirkt häufig spröde, wenn er Tatbestände genau inventarisiert und der Genauigkeit zuliebe Handlungsmöglichkeiten im gleichen Nebensatz positiv und negativ mit dem gleichen Verb beschreibt. Zeitenwechsel ins Präsens sind nicht häufig und wirken auf den Leser unkalkuliert weil unerwartet: erst im Sog ergreift ihn die Änderung der Tonlage und des Rhythmus.

Die Übersetzung versuchte die Tonstufen von der Herbe bis zur reifen Rethorik, deren Beherrschung Saint-Réal ebenso nachweist, durch ein möglichst wörtliches Nachgehen zu treffen und der Versuchung, in ein flüssiges Deutsch nachzudichten, zu widerstehen. Als Textgrundlage benutzten wir die Ausgaben „Conjuration des Espagnols contre Venise“, Chatenay Malabry 1987, sowie „Oeuvres choisies de L'Abbé de Saint-Réal“, Paris 1819.

Herrn Dr. Moritz Bauer danken wir für seine hilfreiche Durchsicht des Textes.

P. W.

Literaturauswahl

Zu Saint-Réal:

G. Bremmer, *The Lesson of Saint-Réal*, French Studies, No 4, Okt. 1970

A. Casale, *Studio sull' abate di Saint-Réal*, Turin 1965

G. Dulong, *L'abbé de Saint-Réal*. Etude sur les rapports de l'histoire et des romans au XVIIème siècle. 2 Bde, Paris 1921

A. Mansau, *Saint-Réal et l'humanisme cosmopolite*, Lille–Paris 1975

Zum Stoff:

B. Nani, *Historia della republica Veneta*, Venedig 1663 (Offizielle Darstellung)

L. v. Ranke, *Über die Verschwörung von Venedig*, Berlin 1837

C. Fernandez Duro, *El gran Duque de Osuna y su Marina*, Madrid 1885

G. Spini, *La Congiura degli Spagnioli contra Venezia del 1618*, Archivo Storico Italiano 1949/50